汽车悬架、行驶与转向系统维修

主　编　曾　炜
副主编　撒韶峰　毛兴燕　董　勇　黄　勇
参　编　秦　勇　刘　杰　庞一桥
　　　　李　兵　李　春

重庆大学出版社

内容提要

本书为适应项目化教学,采用任务驱动的编写模式,全面、系统地介绍汽车悬架、行驶与转向系统维修的基础知识和必备的操作技能,对悬架、行驶与转向系统进行了讲解,同时本书注重图文结合、采用大量的实物图、结构图、电路图等,配合文字进行讲解和描述。全书共五个项目,内容涵盖汽车悬架系统、车轮与轮胎、车架与车桥系统、汽车安全系统、汽车转向系统。读者可以通过本书迅速了解汽车悬架、行驶和转向系统的相关维修技术及应用情况。

本书既适合对汽车结构感兴趣的人们阅读和学习,也可以满足职业院校相关专业的教学需求。

图书在版编目(CIP)数据

汽车悬架、行驶与转向系统维修 / 曾炜主编. -- 重
庆 : 重庆大学出版社,2022.1
新能源汽车技术系列教材
ISBN 978-7-5689-3122-9

Ⅰ.①汽… Ⅱ.①曾… Ⅲ.①新能源—汽车—车悬架
—车辆修理—教材②新能源—汽车—行驶系—车辆修理—
教材③新能源—汽车—转向装置—车辆修理—教材 Ⅳ.
①U469.707

中国版本图书馆 CIP 数据核字(2022)第 021101 号

汽车悬架、行驶与转向系统维修
QICHE XUANJIA XINGSHI YU ZHUANXIANG XITONG WEIXIU
主 编 曾 炜
副主编 撒韶峰 毛兴燕 董 勇 黄 勇
责任编辑:苟荟羽 版式设计:苟荟羽
责任校对:谢 芳 责任印制:张 策

*

重庆大学出版社出版发行
出版人:饶帮华
社址:重庆市沙坪坝区大学城西路 21 号
邮编:401331
电话:(023)88617190 88617185(中小学)
传真:(023)88617186 88617166
网址:http://www.cqup.com.cn
邮箱:fxk@ cqup.com.cn(营销中心)
全国新华书店经销
重庆市正前方彩色印刷有限公司印刷

*

开本:787mm×1092mm 1/16 印张:10.75 字数:230 千
2022 年 1 月第 1 版 2022 年 1 月第 1 次印刷
印数:1—1 000
ISBN 978-7-5689-3122-9 定价:45.00 元

前 言

本书重点强调对学生自主学习能力的培养,旨在使学生在完成典型工作任务的过程中,学会学习,学会工作。在处理学生与教师的关系、学习目标、课程内容、学习过程和学业评价等方面,本书具有如下特点:

1. 教师多元化的角色

本教材在明确学习目标的情况下,通过引导问题来提供与完成学习任务联系十分紧密的知识,为教学组织与实施留下许多的创造空间。需要教师转换角色,从一名技术知识的传授者,转化为提高学生综合职业能力的促进者、学习任务的策划者、学习行动的组织动员者、学习资源的提供者、制订计划与实施计划的咨询者、学习过程的监督者以及学习绩效的评估和改善者,即塑造教师的多元化角色。因此,建议在教学实施中,由教师团队共同负责组织教学。

2. 学生有学习的空间

首先,学习之初明确具体学习目标和学习内容,可使学生随时监控自己的学习效果,将自我评价和他人评价相结合,为实现个性化的学习创造了条件;其次,体系化的引导问题强化了学生的主体地位,给学生留下充分思考、实践与合作交流的时间和空间,使学生亲身经历观察、操作、交流和反思等活动;再次,工作页中并不全部直接给出学习内容,而是需要学生通过开放性的引导问题和拓展性的学习内容去主动获取,旨在培养学生的自主学习能力,从而使学生能够进一步理解技术知识并提高解决问题的能力;最后,尽量营造接近现实的工作环境,从栏目设置、文字表达、插图到学习内容的安排,都鼓励学生主动获得学习和工作的体验。

3.学习目标的任务化

学习目标就是工作目标,既能体现职业教育的能力要求,又具有鲜明的工作特征。这里的能力不仅强调"操作性"与"可测量性",而且强调综合职业能力,包括专业能力和关键能力,既有显性的、可测量的和可观察的工作标准要求,也有隐性的、不可测量的能力和经验。与此同时,学习目标不但具有适度开放的空间,既不拘泥于当前学校或企业的状况,还能充分体现出职业生涯成长的综合要求。

本书全面、系统地介绍汽车悬架、行驶与转向系统维修的基础知识和必备的操作技能,同时本书注重图文结合、采用大量的实物图、结构图、电路图、故障案例,配合文字进行讲解和描述。

本书由重庆市黔江区民族职业教育中心曾炜主编,撒韶峰、毛兴燕、董勇、黄勇任副主编,秦勇、刘杰、庞一桥、李兵、李春等老师参与编写。

本书在编写过程中,引用了大量原厂手册以及文献资料,在此,向原作者表示衷心的感谢。

由于本书涉及内容较新,且编者水平有限,书中难免有不足之处,恳请相关专家和广大读者批评指正。

编　者

2021 年 9 月

目录

项目 *1*
汽车悬架系统

任务 1.1　悬架系统的构成

汽车悬架系统就是指由车身与轮胎间的弹簧和避震器组成整个支持系统,包括弹性元件、减震器和传力装置三部分,这三部分分别起缓冲、减震和力的传递作用。汽车架是车架与车桥之间一切传力、连接装置的总称。汽车架若直接安装在车桥上,则会由于道路不平而上下颠簸震动,从而使车上的人员感到不舒服或者使货物损坏。因此,汽车上必须安装具有缓冲、减震和导向传力作用的悬架装置。外表看似简单的悬架系统综合多种作用力,决定着汽车的稳定性、舒适性和安全性,是现代汽车十分关键的部件之一。

1.1.1　悬架的分类

(1)非独立悬架

如图 1.1 所示,非独立悬架的结构特点是两侧车轮由一根整体式车桥相连,车轮连同车桥一起通过弹性悬架悬挂在车架或车身的下面。非独立悬架具有结构简单、成本低、强度高、保养容易、行车中前轮定位变化小的优点,但由于其舒适性及操纵稳定性较差,在现代轿车中基本上已不再使用,多用在货车和大客车上。

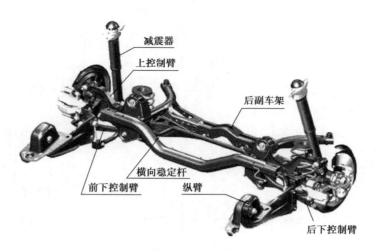

图 1.1 非独立悬架

（2）独立悬架

如图 1.2 所示，独立悬架是两侧车轮各自独立地通过悬架与车架相连接，其配备的车桥都是断开式的，每个车轮都能独立地上下运动。与非独立悬架相比，汽车采用独立悬架有以下优点：

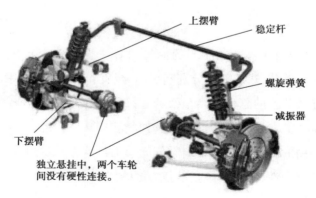

图 1.2 独立悬架

①两侧车轮可以单独运动而互不影响，这样在路面不平的道路上可减少车架和车身的震动，而且有助于消除转向轮不断偏摆的不良现象。

②减少了汽车的非簧载质量（即不由弹簧支承的质量）。在道路条件和车速相同时，非簧载质量越小，悬架受到的冲击载荷也越小，因而采用独立悬架可以提高汽车的平均行驶速度。

③由于采用断开式车桥，发动机总成的位置可以降低和前移，使汽车重心下降，因而可提高汽车的行驶稳定性；同时由于给予了车轮较大的上下运动的空间，故可以将悬架刚度设计得较小，以降低车身震动频率，改善行驶平顺性。

④越野汽车全部车轮采用独立悬架,可以保证汽车在路面不平的道路上行驶时,所有车轮和路面有良好的接触,从而增大牵引力;此外,还可增大汽车的离地间隙,使汽车的通过性大大提高。由于具有以上优点,独立悬架被现代汽车广泛采用。但是,独立悬架结构复杂、制造成本高、维修不便,在一般情况下,车轮跳动时,由于车轮外倾角与轮距变化较大,轮胎磨损较严重。

现代轿车大都是采用独立式悬架,按其结构形式的不同,独立悬架又可分为横臂式、纵臂式、多连杆式、烛式以及麦弗逊式悬架等。

1)横臂式悬架

横臂式悬架是指车轮在汽车横向平面内摆动的独立悬架,按横臂数量的多少又分为双横臂式和单横臂式悬架。

单横臂式具有结构简单,侧倾中心高,有较强的抗侧倾能力的优点。但随着现代汽车速度的提高,侧倾中心过高会引起车轮跳动时轮距变化大,轮胎磨损加剧,而且在急转弯时左右车轮垂直力转移过大,导致后轮外倾增大,减少了后轮侧偏刚度,从而产生高速甩尾的严重工况。单横臂式独立悬架多应用在后悬架上,但由于不能适应高速行驶的要求,应用不多。

双横臂式独立悬架按上下横臂是否等长,又分为等长双横臂式和不等长双横臂式两种悬架。等长双横臂式悬架在车轮上下跳动时,能保持主销倾角不变,但轮距变化大(与单横臂式相类似),造成轮胎磨损严重,现已很少使用。对于不等长双横臂式悬架,只要适当选择、优化上下横臂的长度,并通过合理的布置,就可以使轮距及前轮定位参数变化均在可接受的限定范围内,保证汽车具有良好的行驶稳定性。不等长双横臂式悬架已广泛应用在轿车的前后悬架上,部分运动型轿车及赛车的后轮也采用这一悬架结构。

2)纵臂式独立悬架

纵臂式独立悬架是指车轮在汽车纵向平面内摆动的悬架结构,又分为单纵臂和双纵臂式两种形式。单纵臂式悬架当车轮上下跳动时会使主销后倾角产生较大的变化,因此单纵臂式悬架不用在转向轮上。双纵臂式悬架的两个摆臂一般等长,形成一个平行四杆结构,这样,当车轮上下跳动时主销的后倾角保持不变。双纵臂式悬架多应用在转向轮上。

3)多连杆式悬架

多连杆式悬架是由 3~5 根杆件组合起来控制车轮的位置变化的悬架。多连杆式能使车轮绕着与汽车纵轴线成一定角度的轴线摆动,是横臂式和纵臂式的折中方案,适当地选择摆臂轴线与汽车纵轴线所成的夹角,可不同程度地获得横臂式与纵臂式悬架的优点,能满足不同的使用性能要求。多连杆式悬架的主要优点是:车轮跳动时轮距和前束的变化很小,不管汽车是在驱动、制动状态都可以按驾驶员的意图进行平稳转向,其不足之处是汽车在高速行驶时有轴摆动现象。

4）烛式悬架

烛式悬架的结构特点是车轮沿着刚性地固定在车架上的主销轴线上下移动。烛式悬架的优点是：当悬架变形时，主销的定位角不会发生变化，仅轮距、轴距稍有变化，因此特别有利于汽车的转向操纵稳定和行驶稳定。但烛式悬架有一明显的缺点，就是汽车行驶时的侧向力会全部由套在主销套筒的主销承受，致使套筒与主销间的摩擦阻力加大，磨损也较严重。烛式悬架现已应用不多。

5）麦弗逊式悬架

麦弗逊式悬架的车轮也是沿着主销滑动的悬架，但与烛式悬架不完全相同，它的主销是可以摆动的，麦弗逊式悬架是摆臂式与烛式悬架的结合。与双横臂式悬架相比，麦弗逊式悬架的优点是：结构紧凑，车轮跳动时前轮定位参数变化小，有良好的操纵稳定性，加上由于取消了上横臂，给发动机及转向系统的布置带来方便；与烛式悬架相比，它的滑柱受到的侧向力又有了较大的改善。麦弗逊式悬架多应用在中小型轿车的前悬架上，保时捷911、桑塔纳、富康等轿车的前悬架均为麦弗逊式独立悬架。虽然麦弗逊式悬架并不是技术含量最高的悬架结构，但它仍是一种经久耐用的独立悬架，具有很强的道路适应能力。

（3）主动悬架

主动悬架是近十几年发展起来的、由电脑控制的一种新型悬架。它汇集了力学和电子学的技术知识，是一种比较复杂的高技术装置。例如装置了主动悬架的法国雪铁龙桑蒂雅，该车悬架系统的中枢是一个微型计算机，悬架上的5种传感器分别向微型计算机传送车速、前轮制动压力、踏动加速踏板的速度、车身垂直方向的振幅及频率、转向盘角度及转向速度等数据。计算机不断接收这些数据并与预先设定的临界值进行比较，选择相应的悬架状态。同时，微型计算机独立控制每一只车轮上的执行元件，通过控制减震器内油压的变化产生抽动，从而能在任何时候、任何车轮上产生符合要求的悬架运动。因此，桑蒂雅轿车备有多种驾驶模式选择，驾驶员只要扳动位于副仪表板上的"正常"或"运动"按钮，轿车就会自动设置在最佳的悬架状态，以获得最好的舒适性。

主动悬架具有控制车身运动的功能。当汽车制动或拐弯时的惯性引起弹簧变形时，主动悬架会产生一个与惯力相对抗的力，减少车身位置的变化。例如德国奔驰2000款CL型跑车，当车辆拐弯时悬架传感器会立即检测出车身的倾斜和横向加速度。电脑根据传感器的信息，与预先设定的临界值进行比较计算，立即确定在什么位置上将多大的负载加到悬架上，使车身的倾斜减到最小。如图1.3所示为主动悬架。

图 1.3　主动悬架

1.1.2　悬架的作用

悬架是现代汽车上主要的总成之一,它把车架(或车身)与车轴(或车轮)弹性地连接起来。其主要任务是传递作用在车轮和车架(或车身)之间的一切力和力矩,并且缓和不平路面对车架(车身)的冲击载荷,衰减由冲击载荷引起的承载系统的震动,以保证车辆的正常行驶,保证车轮在路面不平和载荷变化时有理想的运动特性,保证汽车的操纵稳定性,使汽车获得高速行驶的能力。

悬架的功能有以下几方面:

①把路面作用于车轮上的垂直反力(支承力)、纵向反力(牵引力和制动力)和侧向力,以及这些反力所造成的力矩都传递到车架(或承载式车身)上,以保证汽车正常行驶。

②在装载变化、车速变化及行驶转弯等情况下,必须使车轮与轴线保持正确配合,保证车辆的稳定性。

③保持车辆行驶方向的可操作性,在各种道路条件下保证驾驶员能有效控制转向。

④与轮胎共同作用,缓冲来自车轮的震动,使车辆平稳行驶。

尽管悬架目前存在各种各样的结构形式,但一般都是由减震器、弹性元件和导向机构组成,当汽车行驶在路面上时,因地面的变化而受到震动及冲击,这些冲击力的其中一部分会由轮胎吸收,但绝大部分是依靠轮胎与车身间的悬架装置来吸收的。为了控制车轮行驶和避免悬架零件与其他车身或车架干涉,一般都设有缓冲块。在大多数车汽车和客车上,为了避免车辆在转向行驶时横向侧倾角过大,一般都装有横向稳定器。

现代的汽车悬架系统基本都是 ECAS(主动全空气悬架)系统,它是来自欧洲的主流悬架系统。ECAS 应用了电子控制系统,使传统的空气悬架系统的性能得到很大改善,汽车在各种路面、各种工况条件下能实现主动调节、主动控制,并增加了许多辅助功能。

5

1.1.3 悬架的组成

悬架类型不同,所用部件也会不同,但是最基本的弹簧、减震器、连杆机构都会有,轿车一般还有横向稳定器(杆)。悬架的组成如图 1.4 所示。

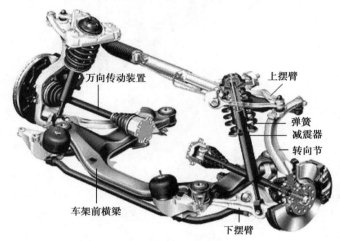

图 1.4 悬架的组成

弹簧使车架(或车身)与车桥(或车轮)之间作弹性连接,可以缓和由于路面不平带来的冲击,并承受和传递垂直载荷。减震器可以衰减由于路面冲击产生的震动,使震动的振幅迅速减小。连杆机构包括纵向推力杆和横向推力杆,用于传递纵向载荷和横向载荷,并保证车轮相对于车架(或车身)的运动关系。横向稳定器(杆)可以防止车身在转向等情况下发生过大的横向倾斜。

(1)弹簧

汽车悬架弹簧有钢板弹簧、螺旋弹簧、扭杆弹簧、气体弹簧。

1)钢板弹簧

钢板弹簧是部分越野车、大货车的标配。特点就是强度大、可靠性高,由许多合金弹簧组成一根弹性梁。钢板弹簧是汽车悬架中使用最为广泛的弹性元件,由若干片长度不等、宽度相等、厚度不等或相等、曲率半径不等的合金弹簧片叠加在一起组合成一根近似等强度的梁,如图 1.5 所示,主要由主片、副片、弹簧夹、螺栓、套管、螺母等组成。钢板弹簧最上面的一片(最长的一片)称为主片,其两端弯成卷耳,内装青铜或其他材料制成的衬套,用弹簧销与固定在车架上的支架或吊耳作铰链连接。钢板弹簧的中心部位用 U 形螺栓与车桥固定。钢板弹簧的一端与车架相连,承受各种重力,传递各种力矩,很大程度上车轮在路面上的起伏轨迹都取决于此。

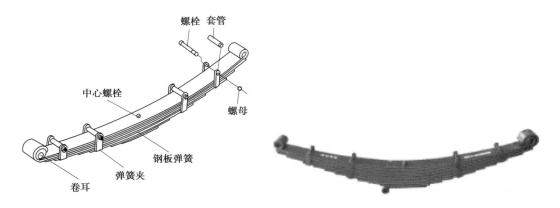

图 1.5   钢板弹簧的结构图

优点:结构简单、可靠性高、成本低、维修方便。不仅起到弹性作用,也起到了导向作用。并且板与板之间存在摩擦,这些摩擦有助于减震。缺点:仅可用于非独立悬架、自重大、刚度大、不舒适,而且比较长,这也就导致车的前悬与后悬距离远,连接处和弹簧销易磨损。

2)螺旋弹簧

螺旋弹簧主要用于当前部分轿车的部件上,大多应用在独立悬架上,尤其是前轮独立悬架。其特点就是可以改变弹簧粗细与疏密,进而改变弹性值,既可以过滤震动也可以防止车架托底。螺旋弹簧用弹簧钢料卷制而成,有刚度不变的圆柱形等螺距螺旋弹簧和刚度可变的圆锥形不等螺距螺旋弹簧两种,如图 1.6 所示。

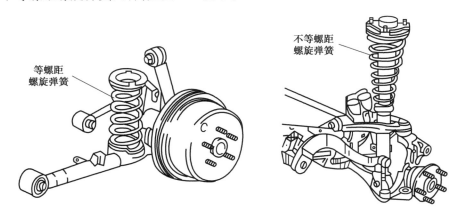

图 1.6   螺旋弹簧的结构

与钢板弹簧相比,螺旋弹簧的优点是结构简单、省空间、行程大、质量小、可定制、吸收能量多、节省润滑油。缺点是承重小、成本高,必须有导向机构和减震器。

3）扭杆弹簧

扭杆弹簧是由铬钒弹簧钢制成的扭杆,如图 1.7 所示。它一端与车架连接,一端与摆臂连接,摆臂再与车轮连接,转动一定角度后,扭杆也转动变形(弹性形变,可恢复),这时的变形使扭杆获得动能,并且在车轮脱障后释放,使车轮回位。扭杆弹簧常用在坦克上。

扭杆弹簧在制造时,经加热处理后预先施加一定的扭转力矩,使之产生一个永久的扭转变形,从而使其具有一定的预应力。左、右扭杆弹簧是预加扭转的方向都与扭杆弹簧安装在车上后承受工作载荷时扭转的方向相同,目的是减少工作时的实际应力,以延长使用寿命。如果左、右扭杆弹簧换位安装,则将导致扭杆弹簧的实际工作应力加大,使用寿命缩短。因此,左、右扭杆弹簧刻有不同的标记,不可互换。其优点是吸收能量极高、占地小、承重大。缺点是制作成本高。

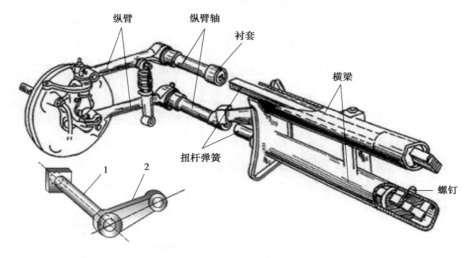

图 1.7　扭杆弹簧的结构

1—扭杆;2—摇臂

4）气体弹簧

气体弹簧是在一个密封的容器中充入压缩气体,利用气体的可压缩性实现其弹簧作用。这种弹簧的刚度是可变的,因为作用在弹簧上的载荷增加时,容器内的定量气体气压升高,弹簧的刚度增大。反之,当载荷减小时,弹簧内的气压下降,刚度减小,故它具有较理想的弹性特性,如图 1.8 所示。

气体弹簧分为空气弹簧和油气弹簧两种类型。其共同特点是同螺旋弹簧一样,只能承受轴向载荷,因此气体弹簧悬架中必须设置纵向和横向推力杆等导向机构,同时还必须设有减震器。气体弹簧可以通过专门的高度控制阀自动调节气室中的原始充气压力面的高度。

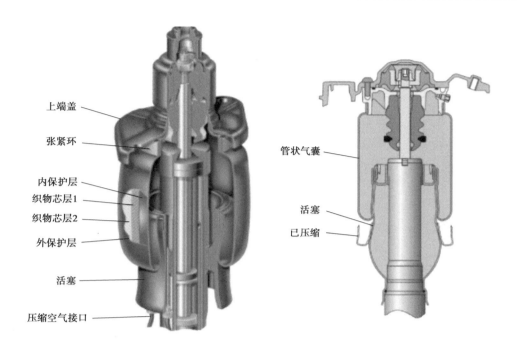

上端盖
张紧环
内保护层
织物芯层1
织物芯层2
外保护层
活塞
压缩空气接口

管状气囊
活塞
已压缩

图 1.8　气体弹簧的结构与工作原理

（2）减震器

减震器实际上是一个震动阻尼器，它在汽车中不仅用在悬挂上，在其他的位置也有应用。例如用于驾驶室、车座、转向盘等，也可作为缓冲器用在车辆保险杠上。悬架系统中由于弹性元件受冲击产生震动，为改善汽车行驶平顺性，悬架中与弹性元件并联安装减震器，为衰减震动。汽车悬架系统中采用的减震器多是液压减震器，其工作原理是当车架（或车身）和车桥间受震动出现相对运动时，减震器内的活塞上下移动，减震器腔内的油液便反复地从一个腔经过不同的孔隙流入另一个腔内。此时孔壁与油液间的摩擦和油液分子间的内摩擦对震动形成阻尼力，使汽车震动能量转化为油液热能，再由减震器吸收散发到大气中。在油液通道截面等因素不变时，阻尼力随车架与车桥（或车轮）之间的相对运动速度增减，并与油液黏度有关。

减震器的作用就是抑制路面冲击。汽车经过复杂道路时，弹簧会发生往复运动，如果没有减震器，回到平坦道路，车子还会上下起伏震动，减震器与弹性元件承担着缓冲和减震的任务，阻尼力过大，将使悬架弹性变差，甚至使减震器连接件损坏。因而要调节弹性元件和减震器这一矛盾。

减震器按工作介质分为液压减震器和充气式减震器，按工作原理分为单向作用式减震器和双向作用式减震器，按结构可分为双筒式减震器和单筒式减震器，还有一种阻尼可调式减震器。

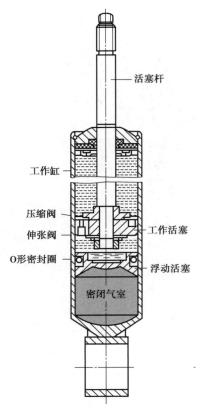

工作缸

压缩阀
伸张阀
O形密封圈

活塞杆

工作活塞

浮动活塞

密闭气室

图 1.9　充气式减震器

1）液压减震器

液压减震器的原理是,当车架与车桥做往复相对运动而活塞在减震器的缸筒内往复移动时,减震器壳体内的油液便反复地从内腔通过一些窄小的孔隙流入另一内腔。此时,液体与内壁的摩擦及液体分子的内摩擦便形成对震动的阻尼力。

2）充气式减震器

充气式减震器是 20 世纪 60 年代以来发展起来的一种新型减震器。其结构如图 1.9 所示,特点是在缸筒的下部装有一个浮动活塞,在浮动活塞与缸筒一端形成的密闭气室内充满高压氮气。在浮动活塞的上面是减震器油液。O 形密封圈把油和气完全分开,因此活塞也称为封气活塞。在工作活塞上装有压缩阀和伸张阀。这两个阀都是由一组厚度相等直径不等、由大到小排列的弹簧钢片组成。

当车轮上、下跳动时,工作活塞在油液中做往复运动,使工作活塞的上、下油腔之间产生油压差,压力油便推开压缩阀或伸张阀而来回流动。油液经过阀孔时受到较大的阻尼作用,为克服阻尼力需要消耗震动能量,因而使震动衰减。

3）双向作用筒式减震器

目前,汽车上广泛应用的是双向作用筒式减震器,近年来,随着技术的不断发展,有的中、高级轿车上采用的是充气式减震器。双向作用筒式减震器如图 1.10(a)所示。双向作用筒式减震器在内筒和外筒之间设计了补偿孔,它可以调整油液量以适应活塞杆的移动体积。

双向作用筒式减震器的工作过程原理:

压缩行程:如图 1.10(b)所示,车桥靠近车架,减震器受压缩,活塞 9 下移,工作缸下腔容积减小,上腔容积增大。下腔油压高于上腔,油液压推开流通阀 10 进入上腔。由于活塞杆 5 占去上腔部分容积,因此,使上腔增加的容积小于下腔减小的容积,致使下腔油液不能全部流入上腔,而多余的油液则从压缩阀 1 进入储油缸筒 2。这些阀的流通面积不大,因而便产生一定的阻尼力。

伸张行程:如图 1.10(c)所示,车桥远离车架,减震器被拉长,活塞 9 上移,使上腔容积减小,下腔容积增大,上腔油压高于下腔,油液推开伸张阀 3 流入下腔。同样,由于活塞杆的存在致使下腔产生一定的真空度,这时,储油缸筒内的油液在真空吸力的作用下打开补偿阀 11 流入下腔,油液流经这些阀时便产生了阻尼力。

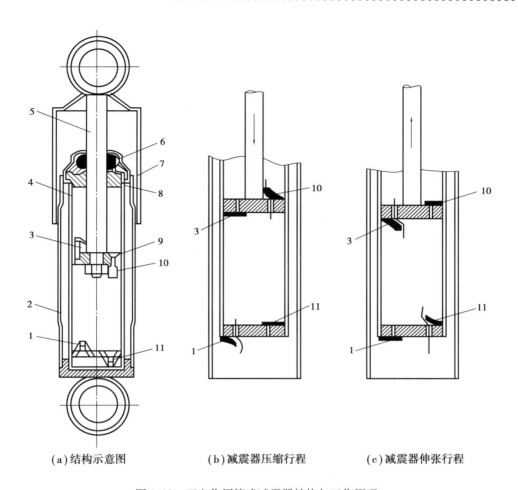

　　(a)结构示意图　　　　(b)减震器压缩行程　　　(c)减震器伸张行程

图 1.10　双向作用筒式减震器结构与工作原理

1—压缩阀;2—储油缸筒;3—伸张阀;4—工作缸筒;5—活塞杆;

6—油封;7—防尘罩;8—导向座;9—活塞;10—流通阀;11—补偿阀

　　由于伸张阀弹簧刚度和预紧力比压缩阀大,且伸张行程油液通道截面积也比压缩行程的小。因此,减震器在伸张行程所产生的最大阻尼力远远超过了压缩行程的最大阻尼力。在压缩行程时弹性元件起主要作用,而在伸张行程则是减震器起主要作用。

　　4)阻力可调式减震器

　　装有阻力可调式减震器的汽车的悬架一般用刚度可变的空气弹簧作为弹性元件。其原理是,空气弹簧若气压升高,则减震器气室内的压力也升高,由于压力的改变而使油液的节流孔径发生改变,从而达到改变阻尼刚度的目的。

　　减震器是汽车使用过程中的易损配件,减震器工作好坏,将直接影响汽车行驶的平稳性和其他机件的寿命,因此我们应使减震器经常处于良好的工作状态。

（3）导向机构

导向机构在悬架系统中能够传递各种力和力矩，引导车轮按一定规律相对于车架（身）运动。其作用是决定车轮相对车架（或车身）的运动关系，并传递纵向力、侧向力及其引起的力矩。导向机构由控制臂和推力杆组成，如图 1.11 所示。

图 1.11　导向机构简图

1）控制臂

根据控制臂在车上布置形式不同，可分为纵臂、横臂和斜臂 3 种。双横臂式独立悬架的横臂又有上控制（横）臂和下控制（横）臂之分。

单斜臂式悬架中，控制臂一端通过有橡胶衬套的铰链与车架（身）铰接，另一端经球头销与车轮相连。控制臂可以用钢板冲压焊接件，以及锻造、铸造或钢管焊接等制成。因控制臂要传递牵引力、制动力、侧向力和承受力矩，所以要求其有较大的刚度。因此，冲压焊接结构控制臂的断面做成箱形断面，而锻造和铸造的控制臂又常做成 H 形断面。

2）推力杆

推力杆用来在车轮与车架之间传递力，并对车轮相对车架（身）的运动关系有影响。推力杆有横向推力杆与纵向推力杆之分，分别用来传递产生在车轮与车架之间的横向力和纵向力。推力杆由杆和套管组成。套管内压有橡胶衬套，套管焊接在杆部的两端。杆部可以是实心轴或空心管，也可以用锻造成 H 形断面的杆件或钢板冲压件。推力杆的一端固定在车桥上，另一端则铰接在车身（架）上。

（4）横向稳定器

横向稳定器利用扭杆弹簧原理，将左右车轮通过横向稳定杆连接起来。在车身倾斜时，稳定杆两边的纵向部分向不同方向偏转，于是横向稳定杆便被扭转。弹性的稳定杆产生的扭转内力矩就阻碍了悬架弹簧的变形，从而减少车身的横向倾斜，如图 1.12 所示。

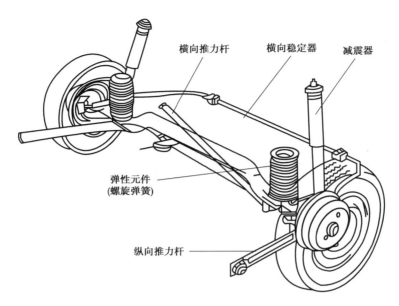

横向推力杆　　横向稳定器　　减震器

弹性元件
(螺旋弹簧)

纵向推力杆

图 1.12　横向稳定器

（5）独立悬架结构

1）麦弗逊式悬架

麦弗逊式悬架是一种常见的悬架形式。它是在 20 世纪 30 年代美国工程师麦弗逊为满足前置前驱车型占用空间较大的动力系统而设计的一种悬架机构。这种悬架机构结构紧凑、性能良好,在随后近百年中被世界各大汽车生产商广泛采用。

现在,售价在 15 万元以下的合资轿车中,大部分车型的悬架采用的都是麦弗逊形式。麦弗逊式悬架结构如图 1.13 所示。麦弗逊式悬架的筒式减震器为滑动立柱,横摆臂的内端通过铰链与车身相连,外端通过球铰链与转向节相连。减震器的上端与车身相连,减震器的下端与转向节相连,车轮所受的侧向力大部分由横摆臂承受,其余部分由减震器活塞和活塞杆承受。筒式减震器上铰链的中心与横摆臂外端球铰链中心的连线为主销轴线,此结构也为无主销结构。当车轮上下跳动时,减震器下支点随悬架摇臂摆动,故主销轴线角度是变化的,这说明车轮是沿着摆动的主销轴线而运动。

2）双叉臂式悬架

双叉臂式前悬架又称为双 A 臂或双叉骨。这种悬架形式可以看作麦弗逊式悬架的升级版本,如图 1.14 所示。

螺旋弹簧

减震器

转向节

横向稳定器

横摆臂

图 1.13　麦弗逊式悬架的结构

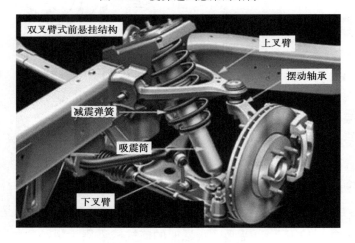

双叉臂式前悬挂结构

上叉臂

摆动轴承

减震弹簧

吸震筒

下叉臂

图 1.14　双叉臂式悬架的结构

上面我们已经提到了麦弗逊式悬架充当主销的减震支柱,其承受横向冲击力的能力较弱,应用范围被局限于质量较小的中小型轿车上。而为了满足质量较小、动力更强的大型车对悬架刚性及耐用性的要求,双叉臂式悬架应运而生。因此,在每辆售价 20 万元以上的大型轿车中,绝大部分都采用了双叉臂式悬架。

双叉臂式悬架由上叉臂、下叉臂、摆动轴承、减震支柱(螺旋弹簧和减震器)组成。双叉臂式悬架的减震支柱只承受车身重力。而车轮作用于悬架的横向和纵向应力均由上叉臂和下叉臂承受,如图 1.15 所示。

麦弗逊式悬架和双叉臂式悬架都是轿车中常见的悬架结构形式,结构上的不同点如图 1.16所示。

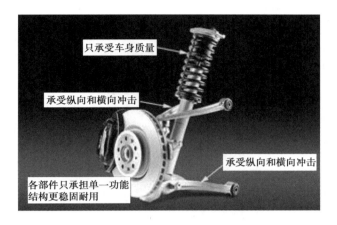

图 1.15　双叉臂式悬架受力示意图

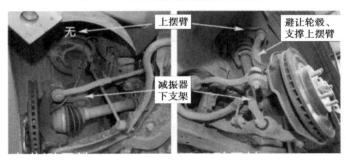

（a）麦弗逊式悬架　　　　　（b）双叉臂式悬架

图 1.16　两种悬架结构的区别

两者的结构差异及优缺点：

①由于麦弗逊式悬架的减震支柱承受着车身质量以及车轮的冲击,加上减震支柱承受横向的冲击力的能力较弱,使得减震器容易发生变形和漏油,耐用性一般。正是由于麦弗逊式悬架在承受侧向力方面有一定的弱点,使用麦弗逊式悬架的车型在高速过弯时会出现车辆侧倾严重或者在紧急制动时出现明显的前倾。

②和麦弗逊式悬架相比,双叉臂式悬架结构更为"牢靠"。由于各个部件仅担当单一的功能,因而双叉臂式悬架的耐用性和可靠性更高。双叉臂式悬架不等长的上下叉臂的合理配置使得车轮在上下运动时,车轮外倾角参数和轮距参数变化很小,这有助于轮胎接地面积时刻保持最大化,减少悬架在高速弯道时出现的侧倾。

双叉臂式悬架的结构复杂,质量比麦弗逊式悬架大,所以在转向响应上不及麦弗逊式悬架。

3）多连杆式悬架

多连杆悬架是通过各种连杆配置把车轮与车身相连的一套悬架机构,其连杆数比普通的悬架要多一些,一般把连杆数为 3 或以上的悬架称为多连杆悬架,一般为 3 连杆或 4 连杆式独立悬架,如图 1.17 所示。

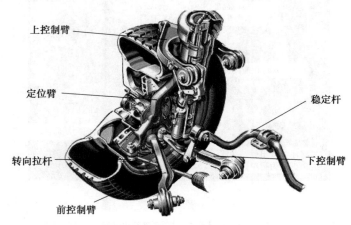

上控制臂

定位臂

稳定杆

转向拉杆

下控制臂

前控制臂

图 1.17　多连杆式悬架结构

(6)非独立悬架的结构

非独立悬架广泛应用于货车的前、后悬架和轿车的后悬架。按照采用弹性元件的不同,非独立悬架可以分为钢板弹簧式非独立悬架和螺旋弹簧式非独立悬架。

1)钢板弹簧式非独立悬架

在采用钢板弹簧为弹性元件的非独立悬架中,通常是将钢板弹簧纵向布置,故也称为纵置板簧式非独立悬架,如图 1.18(a)所示。

2)螺旋弹簧非独立悬架

螺旋弹簧非独立悬架常用于轿车的后悬架,由于使用螺旋弹簧作为弹性元件,仅仅能承受垂直载荷,所以必须设置导向装置来承受并传递纵向力和横向力,如图 1.18(b)所示。

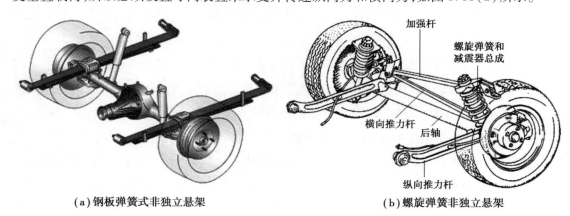

加强杆

螺旋弹簧和
减震器总成

横向推力杆

后轴

纵向推力杆

(a)钢板弹簧式非独立悬架

(b)螺旋弹簧非独立悬架

图 1.18　非独立悬架的结构

3)扭转梁式悬架系统

扭转梁式悬架的结构特点是两个车轮之间没有硬轴直接相连,而是通过一根扭转梁进行连接,扭转梁可以在一定范围内扭转。但如果一个车轮遇到非平整路面时,车轮之间的扭转梁仍然会对另一侧车轮产生一定的干涉,严格意义上说,扭转梁式悬架属于半独立式悬架,如图1.19所示。

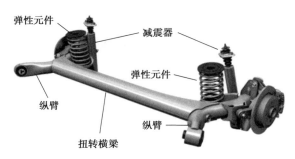

图 1.19　扭转梁式悬架结构

扭转梁式悬架相对于独立式悬架来说舒适性要差一些,不过结构简单可靠,也不占空间,而且维修费用也比独立悬架低,所以扭转梁悬架多用在小型车和紧凑型车的后桥上。

任务 1.2　汽车悬架的检查与维修

1.2.1　悬架的检查

(1)准备工作

①将实训车辆停放在维修区域。

②检查举升机工作是否正常,安全机构工作是否正常。

③准备常用工具套件、车辆挡块翼子板布、三件套等。

(2)技术要求与注意事项

①在使用车辆的举升机前应清除举升机附近妨碍作业的器具及杂物,并检查操作手柄是否正常。操作机构灵敏有效,液压系统不允许有爬行现象。支车时,4 个支脚应在同一平面上,调整支脚胶垫高度使其接触车辆底盘支承部位。支车时,车辆不可支得过高,支起后 4 个

托架要锁紧。待举升车辆驶入后,应将举升机支承块调整移动对正该车型规定的举升点。举升时人员应离开车辆,举升到需要高度时,必须插入保险锁销,并确保安全可靠才可开始车底作业,支车时举升要稳,降落要慢。

②使用各式气动工具,务必遵照各种安全规定及使用说明操作。要选用适当的工具工作,工具过大容易造成工件伤害,工具过小容易致使工具损坏。气动工具由于具有转速高、扭力强、噪声大等特点,要求使用人员在使用前佩戴好防护眼镜、纱线手套、耳塞等。

③各螺栓务必按照规定力矩进行拧紧,安装或拆卸必须遵循相关的顺序。

（3）悬架的检查

1）测试减震器状况

首先进行悬架就车测试,将车辆反复摇动3次或4次,每次推力尽量相同。回弹时,应注意支柱的阻力和车身回弹的次数,若松手后,回弹1～2次,车身立即停止回弹,且左右两侧回弹次数相同,表明减震器（支柱）正常,如图1.20所示。

图1.20　减震器状况测试

2）确认汽车底盘高度是否正确

按照维修手册确定测量点,从前到后或从左到右测量汽车离地高度,如图1.21所示。如果存在高度不同,表明螺旋弹簧变软。需要注意的是,不同车型的测量点是不同的,即使是同一公司生产的不同车型也会不同。

3）前悬架外观检查

①检查减震器,如发现渗油或漏油现象,则必须更换,如图1.22所示。

②检查减震器和滑柱的所有固定处。

③检查所有悬架是否存在松旷、开裂、破裂、错位和异响。

④检查固定装置、联动杆件和所有的连接部位是否松动、卡滞和损坏。小提示:减震器和滑柱总是成对更换。

项目 1   汽车悬架系统

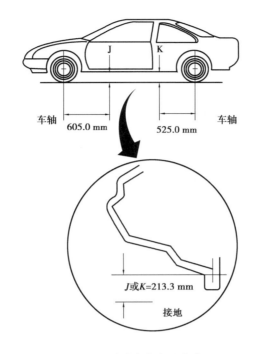

图 1.21   测量汽车离地高度

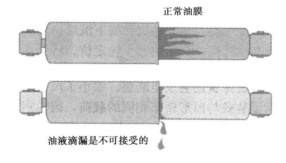

图 1.22   检查减震器是否漏油

4)球节的检查

①在检查球节时,首先检查球节是否设有磨损指示器。如果设有磨损指示器,检查润滑脂嘴的位移量。如果润滑脂嘴已经回缩,表明球节已经磨损,应当更换,如图 1.23 所示。对于有些汽车,建议检查润滑脂嘴是否能在球节中摇动,如果能够摇动,表明应当更换球节。检查球节时一定要查阅维修手册。

19

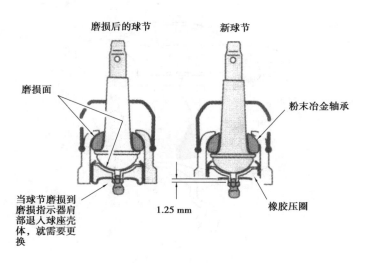

图 1.23　球节上的磨损指示器

②仔细检查球节防尘套。防尘罩或球节油封损坏将会使润滑油漏出,并且让灰尘和杂质进入润滑脂中。如果防尘罩已经损坏,就应更换球节。如果没有发现防尘罩损坏,慢慢地挤压防尘罩,如果防尘罩中充有润滑脂,会感到有些坚硬。如果球节上设有润滑脂嘴,而且表现出缺少润滑脂,用润滑脂枪填充润滑脂,直到有新润滑脂从防尘罩通气孔中流出为止。如果充入球节的润滑脂过多或过快,可能会使防尘罩脱离安装位置或发生破裂。

5)螺旋弹簧的检查

如果车辆行驶高度低于规定值,应该成对更换螺旋弹簧。

6)控制臂衬套检查

如果控制臂与车架之间的衬套处于不良状态,就不能保持精确的车轮定位。目检各个橡胶衬套,检查是否存在变形、移动、偏心和严重龟裂,检查金属衬套是否会产生异响,密封是否松动。为了拆卸控制臂衬套,将汽车举升起来,并用安全支架支撑车架,拆卸车轮总成,将弹簧压缩器安装到螺旋弹簧上。

按照前述方法将球节螺柱与转向节拆开,拆卸将控制臂固定到车架上的螺栓,拆卸控制臂。衬套是用专用工具压入或压出座孔的,在选好合适尺寸的适配器后,将专用工具安装到衬套上(图 1.24),拧紧专用工具,将衬套从控制臂压出。用同样的方法可以将新衬套压入控制臂,随着专用工具的拧紧,衬套被压入控制臂的孔中。安装新衬套时,要保证衬套被垂直压入。

7)轮毂轴承的检查

①拆下前轮。

②拆下前轮制动卡钳和制动盘。

③如图 1.25 所示,检查轮毂轴承间隙,最大值为 0.05 mm,若超过最大值,更换轮毂轴承。

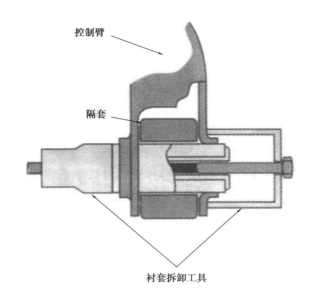

图1.24 拆卸控制臂衬套

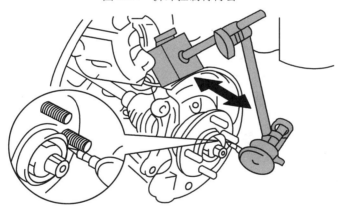

图1.25 轮毂轴承间隙检查

④如图1.26所示,检查前轮偏摆量,最大值为0.07 mm,若超过最大值,更换前轮毂总成。

⑤按相反顺序安装。

8)悬架的其他部件(图1.27)的检查维修

①检查前减震器悬架轴承的磨损与损坏情况,应能灵活转动,如磨损严重或损坏应更换,更换时只能整体更换。

②橡胶件、缓冲块如果有损伤、龟裂、老化等现象,也要更换新件。金属橡胶支承不能进行修理,如果有松动、裂纹、损伤、破裂等现象,均需要更换新件。

③检查托架、横向稳定杆和梯形臂有无变形或裂纹。若存在变形或裂纹,不允许在前悬架支承位置和导向装置部件上进行焊接和矫直,只能更换。还应检查横向稳定杆的橡胶支座

和橡胶衬套、梯形臂或下控制臂的前衬套和后衬套的损坏和老化情况,并及时更换。

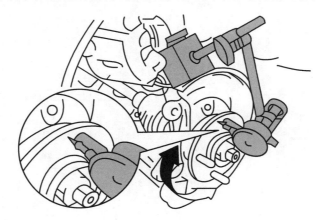

图 1.26　前轮偏摆量检查

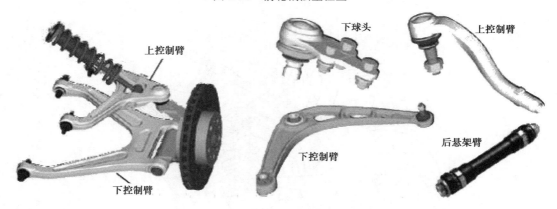

图 1.27　悬架其他部件

④若车架和摇臂变形或脱焊,也必须更换,不允许对车架和下摇臂进行焊接或整形处理。

1.2.2　悬架维修

(1)前减震器的拆装

1)拆卸

①用千斤顶顶起汽车,拆下后轮,如图 1.28 所示。扭矩:(110 ± 10)N·m。

②从减震器上拆下软管和 ABS 车速传感器导线(带 ABS 系统),如图 1.29 所示。拆下 2 个螺栓、软管支架和 ABS 导线卡夹。扭矩(软管):29 N·m;扭矩(ABS 导线):5.4 N·m。

③从转向节上拆下减震器。

a.拧下减震器下侧的 2 个螺母和螺栓。拧紧力矩:100~110 N·m

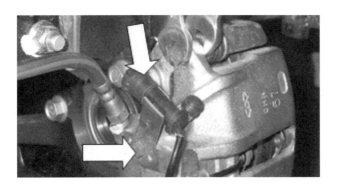

图 1.28　千斤顶的使用

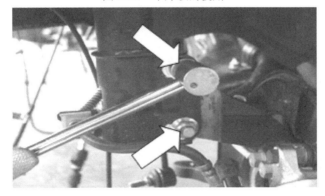

图 1.29　拆除软管和 ABS 车速传感器

b. 从转向节上拆下减震器。

安装提示:用发动机机油涂在螺母的螺纹上。

④将减震器和螺旋弹簧一起拆下,如图 1.30 所示。

a. 拆下减震器上面的 3 个螺母。

b. 将减震器随螺旋弹簧一起拆下。

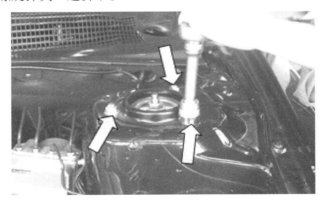

图 1.30　拆除减震器和螺旋弹簧

2）分解

拆卸螺旋弹簧：

①在减震器下部的支架上安装2个螺母和1个螺栓，并在台钳上固定好。

②使用弹簧拆装器压缩螺旋弹簧。

注意：不要使用冲击式套筒扳手。托住减震器拆下螺旋弹簧时，不要用弹簧下座托住减震器，也不要敲打弹簧下座，因为这会损坏弹簧拆装器，并且有安全风险。

③用专用工具固定悬架支承，拆下螺母。

④从减震器上拆下以下部件：悬架支承、轴承、弹簧上座、上隔圈、螺旋弹簧、下隔圈、弹簧缓冲器。

3）组装

①将下隔圈装在减震器上，如图1.31所示。

②将弹簧缓冲器装在活塞杆上。

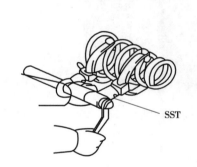

图1.31　减震器安装

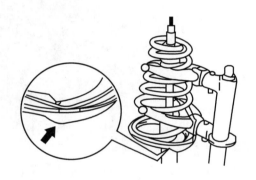

图1.32　弹簧缓冲器安装

③安装螺旋弹簧，见图1.32。

a.使用弹簧拆装器压缩螺旋弹簧。

注意：不要使用冲击式套筒扳手，因为这会损坏弹簧拆装器，并且有安全风险。

b.将螺旋弹簧安装在减震器上。

提示：将螺旋弹簧的下端装入弹簧下座的空隙上。

④安装上隔离器和上支座，见图1.33。

a.将上隔离器安装至上支座上。

b.将上支座安装至活塞杆。

c.使用专用工具夹住上支座，安装新螺母。

拧紧力矩：（70±5）N·m

d.旋转上支座，使上支座最下面那个螺栓与弹簧下座的突出部分对准。

e.拆下专用工具。

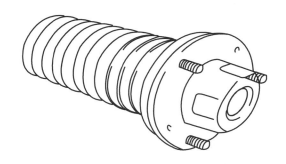

图 1.33　上隔离器和上支座安装

⑤将减震器和螺旋弹簧一起安装,如图 1.34 所示。

放好减震器,装上 3 个螺母。拧紧力矩:(45 ±5)N·m。

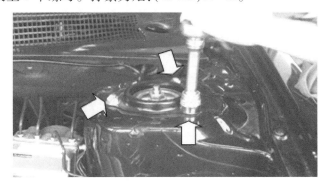

图 1.34　减震器和螺旋弹簧安装

⑥将减震器与转向节连接,如图 1.35 所示。

a. 在螺母的螺纹上涂一层机油。

b. 安装两个螺栓和螺母。拧紧力矩:100 ~ 110 N·m。

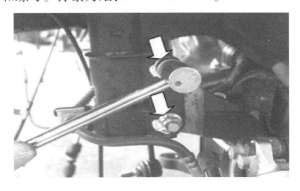

图 1.35　减震器与转向节连接

⑦将制动器软管和防抱死制动系统(ABS)速度传感器导线安装在减震器上。

⑧安装前轮。

⑨检查前轮定位。

（2）后减震器的拆装

1）后减震器的拆卸（图1.36）。

①拆下后座靠背。

②拆下后轮。

③拆下带螺旋弹簧的减震器。

图1.36　后减震器的拆卸

a. 拧松减震器下侧的固定螺栓。扭矩：（110±10）N·m。

安装提示：将发动机机油涂在螺母的螺纹上。

b. 用千斤顶支起后桥壳。

c. 拆下螺帽。

④拧松悬架支承的中间螺母。

注意：不要拆下螺母。

扭矩：（50±5）N·m。

⑤拆下悬架支承上的3个螺母。

扭矩：（50±5）N·m。

⑥拆下减震器和螺旋弹簧（图1.37）。

2）拆卸螺旋弹簧分解

①在减震器下部的支架上安装2个螺母和1个螺栓，并在台钳上固定好。

②使用弹簧拆装器压缩螺旋弹簧。

注意：不要使用冲击式套筒扳手，因为这会损坏弹簧拆装器，并且有安全风险。

③拆下悬架上承螺母。

④从减震器上拆下部件：悬架支承、螺旋弹簧、下隔圈、弹簧缓冲器。

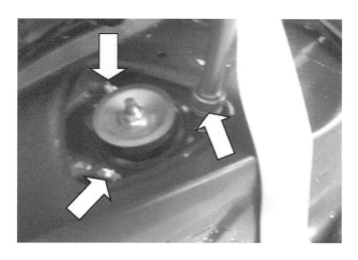

图 1.37　拆下减震器和螺旋弹簧

（3）前连接杆的拆装

使用工具:15 mm 套筒、快速扳手。

①松开前连接杆与平衡杆的固定螺栓,如图 1.38 所示。

图 1.38　拆除螺栓

②松开前连接杆与摆臂的固定螺栓,如图 1.39 所示。

图 1.39　拆除螺栓

③松开平衡杆衬套上的4个固定螺栓,并拆下平衡杆,如图1.40所示。

图1.40　拆下平衡杆

(4)后稳定杆的拆装

所需工具:10、18 mm套筒、15号扳手、13号扳手、接杆、快速扳手。

①拆下轮胎,如图1.41所示。

②松开后稳定杆与后连接杆的固定螺栓。拧紧力矩:(50±5)N·m。

图1.41　拆下轮胎

③松开后稳定杆固定螺栓,向外拉出稳定杆,如图1.42所示。

图1.42　拉出稳定杆

④向下取出纵向拉杆,如图 1.43 所示。

图 1.43 取出纵向杆

(5)前轮摆臂的拆装

工具:13、15、18 mm 套筒,15 号扳手,短接杆,扭矩扳手,快速扳手。
①用千斤顶顶起汽车,拆下车轮,如图 1.44 所示。

图 1.44 拆下车轮

②松开前连接杆与摆臂的固定螺栓、取出前连接杆,如图 1.45 所示。

图 1.45 取出前连接杆

③松开摆臂与羊角的固定螺栓。
④松开臂后胶套与前桥的固定螺栓,松开固定螺母。
⑤松开下摆臂胶套与前桥固定螺栓,如图 1.46 所示。

图 1.46　松开与下摆臂胶套连接的螺栓

a. 松开后支架的 3 个连接螺栓。

b. 注意松螺栓时防止下摆臂掉下。

⑥从车上将下悬臂拆下。

任务 1.3　电控悬架的检查与维修

1.3.1　电控悬架系统简介

　　传统的悬架系统一般具有固定的弹簧刚度和减震器阻尼,不能同时满足汽车行驶平顺性和操纵稳定性的要求。降低弹簧刚度,平顺性会更好,使乘坐舒适,但由于悬架偏软,会使操纵稳定性变差;而增加弹簧刚度会提高操纵稳定性,但较硬的弹簧又使车辆对路面的不平度很敏感,使平顺性降低。因此,理想的悬架系统应在不同的使用条件下具有不同的弹簧刚度和减震器阻尼力,它能在起步和加速时防后坐;能在正常行驶时使乘坐更平顺;转弯时抗侧倾;高速行驶时提高稳定性;制动时防俯冲等,如图 1.47 所示。

　　随着汽车制造研发水平的不断提高,人们对于汽车的操控性和舒适性有了更高的要求。其中,车辆减震系统起着至关重要的作用。而采用普通螺旋弹簧很难做到两全其美。于是,适应能力更强,感受更完美的可变悬挂系统就诞生了。电控悬架系统是能够根据车身高度、车速、转向角度及速率、制动等信号,由电子控制单元(ECU)控制悬架执行机构,使悬架系统的刚度、减震器的阻尼力及车身高度等参数得以改变,从而使汽车具有良好的乘坐舒适性和操纵稳定性的系统。

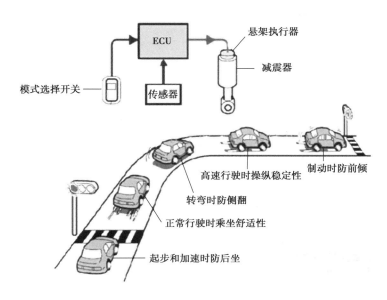

图 1.47　理想的汽车悬架系统

1.3.2　电控悬架的组成

虽然现代汽车电控悬架系统的结构形式多种多样,但它们的基本组成却是相同的,即由感应汽车运行状况的各种传感器、开关、电子控制单元及执行机构等组成,如图 1.48 所示。利用传感器(包括开关)检测汽车行驶时路面的状况和车身的状态,输入 ECU 后进行处理,然后通过驱动电路控制悬架系统的执行器动作,完成悬架特性参数的调整。

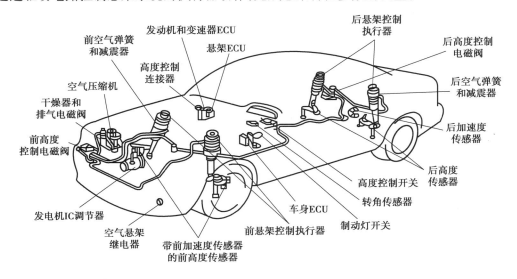

图 1.48　汽车电控悬架系统的组成

（1）传感器

电控悬架系统的传感器一般有车高传感器、车速传感器、减速传感器、转向盘转向角传感器、节气门位置传感器等,如图 1.49 所示。

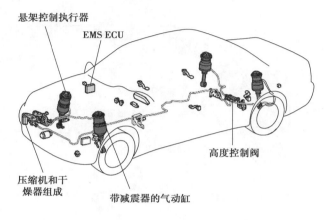

图 1.49　传感器位置

1）车高传感器

每个车轮侧都安装一个车高传感器。该传感器把车辆高度的变化转变成操纵连杆旋转角度的变化。当车身较高时,信号电压随之变成较高;当车身较低时,其信号电压随之降下,如图 1.50 所示。

2）车速传感器

如图 1.51 所示,车速传感器检测电控汽车的车速,控制电脑用这个输入信号来控制发动机怠速。它还有自动变速器的变矩器锁止、自动变速器换挡及发动机冷却风扇的开闭和巡航定速等其他功能。

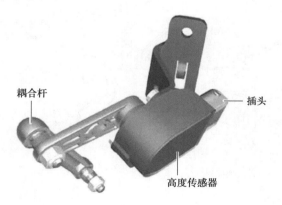

图 1.50　车高传感器

图 1.51　车速传感器

　　车速传感器的输出信号可以是磁电式交流信号,也可以是霍尔式数字信号或者是光电式数字信号,车速传感器通常安装在驱动桥壳或变速器壳内,车速传感器信号线通常装在屏蔽的外套内,这是为了消除有高压电火线及车载电话或其他电子设备产生的电磁及射频干扰,用于保证电子通信不产生中断,防止造成驾驶性能变差或其他问题,在汽车上磁电式及光电式传感器是应用最多的两种车速传感器,在欧洲、北美和亚洲的各种汽车上广泛采用磁电式传感器来进行车速(VSS)、曲轴转角(CKP)和凸轮轴转角(CMP)的控制,同时还可以用它来感应其他转动部位的速度和位置信号等,例如压缩机离合器等。

　　3)加速度传感器

　　加速度传感器能够检测车身横向加速度和纵向加速度。横向加速度传感器主要用于检测汽车转向时,汽车因离心力的作用而产生的横向加速度,以判断悬架系统阻尼力改变的大小及空气弹簧中空气压力的调节情况,以维持车身的最佳姿势。

　　汽车转弯、加减速时,钢球在横向力或纵向力作用下移动前减速度传感器和前高度控制传感器结合在一起,后减速度传感器安装在行李舱内。减速传感器把压电陶瓷盘的挤压变形转变成电信号并且检测车辆竖向减速度。当接收到车辆的向上力时,信号电压就上升,而当接收到向下力时,信号电压就下降,如图 1.52 所示。

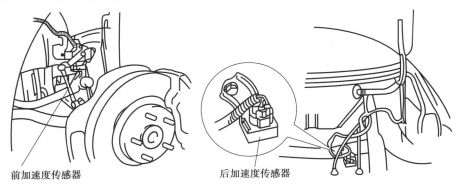

前加速度传感器　　　　　　　后加速度传感器

图 1.52　加速度传感器安装位置

　　4)转向盘转向角传感器

　　转向盘转向角传感器是检测转向盘的中间位置、转动方向、转向角度和转动角度,以判断转向时侧向力的大小和方向,以控制车身的侧倾。转向盘转向角传感器安装在转向灯开关组件上并检测转向方向、角度和速度。该传感器装备 3 只带相位差的光电断续器,通过一个开槽圆盘对光线的遮断和通过,来接通和断开光电晶体管,以实现对转向方向和角度的检测,如图 1.53 所示。

　　5)节气门位置传感器

　　节气门位置传感器又称为节气门开度传感器或节气门开关,是用于检测发动机状态的设备,其主要功用是检测发动机处于怠速工况还是负荷工况,是加速工况还是减速工况。它实质上是一只可变电阻器和几个开关,安装于节气门体上,内部结构和示意图如图 1.54 所示。

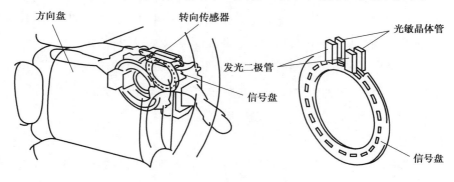

图 1.53 转向盘转向角传感器

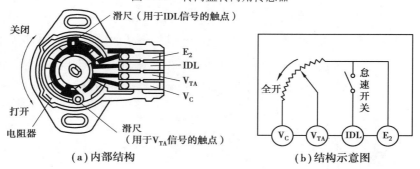

(a)内部结构 (b)结构示意图

图 1.54 节气门位置传感器的工作原理图

电阻器的转轴与节气门联动,它有两个触点:全开触点和怠速触点。当节气门处于怠速位置时,怠速触点闭合,向计算机输出怠速工况信号;当节气门处于其他位置时,怠速触点张开,输出相对于节气门不同转角的电压信号,计算机便根据信号电压值识别发动机的负荷;根据信号电压在一定时间内的变化增减率识别是加速工况还是减速工况。计算机根据这些工况信息来修正喷油量,或者进行断油控制。

(2)开关与指示灯

电控悬架系统开关主要有停车开关和车门开关、阻尼方式选择开关、高度控制开关、高度控制 OFF 开关等,如图 1.55 所示。

1)停车开关和车门开关

停车开关主要作用在于提供信息,使控制器可以依据其来进行悬架刚度的处理,有效避免车辆"点头"现象的发生。车门开关主要用途为避免车辆在行驶过程中因未关闭车门,而对驾驶安全产生的威胁,通过这一开关的运用,就能够使这一问题得到切实抑制。

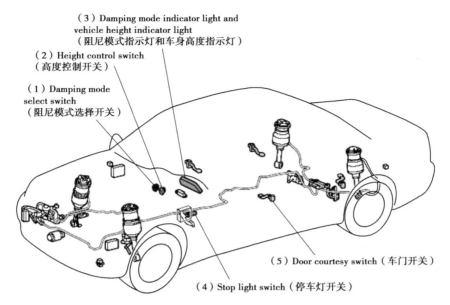

图 1.55   汽车电控悬架系统开关与指示灯位置图

2）阻尼方式选择开关

阻尼方式选择开关可以改变减震器的阻尼力。开关上有 COMFORT（舒适）和 SPORT（运动）两个标识，从 COMFORT（舒适）转换到 SPORT（运动）可将阻尼力从小变大，如图 1.56 所示。

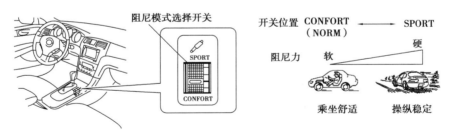

图 1.56   阻尼方式选择开关

3）高度控制开关

高度控制开关可以改变车高设定值。从 NORM（正常）或 LOW（低位）转换到 HIGH（高位），就会将车高从低位变化到高位，如图 1.57 所示。

4）阻尼方式指示灯和车高指示灯

该阻尼方式指示灯用阻尼方式选择开关进行方式选择时点亮。车高指示灯用高度控制开关进行方式选择时点亮，同时，这些指示灯在系统故障过程中会闪烁，如图 1.58 所示。

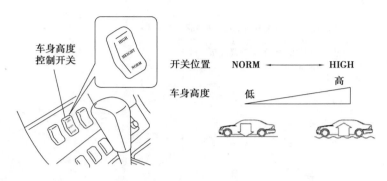

图 1.57　高度控制开关

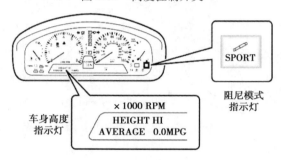

图 1.58　阻尼方式指示灯和车高指示灯

（3）电子控制单元

电子控制单元（ECU）接收传感器和选择开关的信号，通过分析计算，再驱动执行器和阀门工作，从而保持车辆的平顺性和操纵稳定性，如图 1.59 所示。

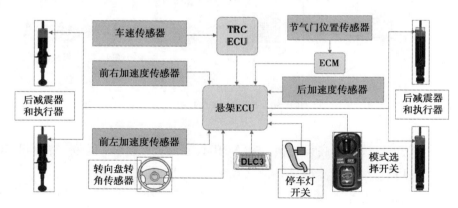

图 1.59　ECU 工作原理

（4）执行机构

电控悬架系统的执行机构有悬架控制执行器、气动缸与减震器总成、压缩机和干燥器组件、高度控制电磁阀等,如图 1.60 所示。

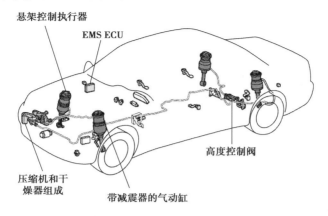

图 1.60　执行器元件位置

1)悬架控制执行器

悬架控制执行器位于各减震器/气动缸的顶部。它通过输出轴转动减震器回转阀来改变减震器的阻尼力。回转阀(输出轴)旋转角度是由电子控制单元的信号控制的,如图 1.61 所示。

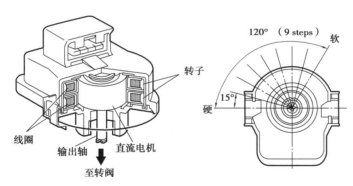

图 1.61　悬架控制执行器

2)气动缸与减震器总成

气动缸由一只装有低压氮气的可变阻尼力减震器和一个带有大容量压缩空气的气室组成,以达到极佳的乘坐舒适性,如图 1.62 所示。减震器配备一只硬阻尼阀和一只软阻尼阀,由 ECU 通过悬架控制执行器转换减震器的阻尼力;气动缸从外界充入压缩空气和放出压缩空气,从而调节悬架的高度;ECU 通过悬架控制执行器控制主气室与副气室通道小孔的大小,从而调节弹簧的刚度。

3)压缩机和干燥器组件

压缩机和干燥器组件为一体化结构,如图 1.63 所示,压缩机和电动机为提升车高而生产必要的压缩空气,干燥器消除由压缩机生产压缩空气中的水分,排气电磁阀把压缩空气从气动缸排放到大气中。

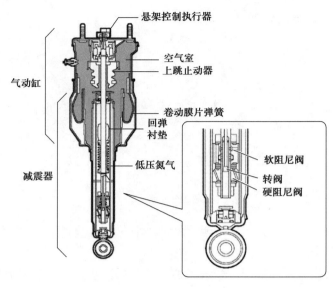

图 1.62　气动缸与减震器

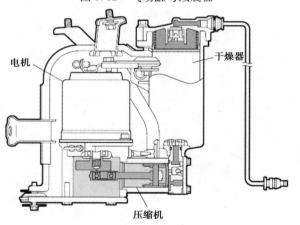

图 1.63　压缩机和干燥器组件

4)高度控制电磁阀

高度控制电磁阀由电子控制单元的信号来控制气动缸的压缩空气,如图 1.64 所示。有两只高度控制阀,一个用于前面左右气动缸,另一个用于后面左右气动缸。

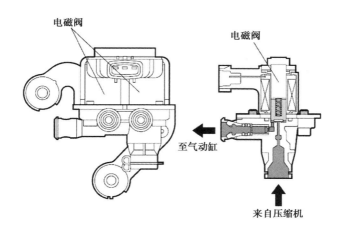

图 1.64   高度控制电磁阀

1.3.3 电控悬架系统的工作原理

电控悬架系统的工作原理是利用传感器(包括开关)对汽车行驶时路面的状况和车身的状态进行检测,将检测信号输入计算机进行处理,计算机通过驱动电路控制悬架系统的执行机构动作,完成弹簧刚度、车身高度和减震器阻尼力的调整。

汽车行驶在不同的状况下对弹簧刚度、车身高度和减震器阻尼力有不同的要求。

(1)车速与路面感应控制

①当车速高时,提高弹簧刚度和减震器阻尼力,以提高汽车高速行驶时的操纵稳定性。

②当前轮遇到突起时,减小后轮悬架弹簧刚度和减震器阻尼力,以减小车身的震动和冲击。

③当路面差时,提高弹簧刚度和减震器阻尼力,以抑制车身的震动。

(2)车身姿态控制

1)转向时侧倾控制

急转向时,提高弹簧刚度和减震器阻尼力,以抑制车身的侧倾。

2)制动时点头控制

紧急制动时,提高弹簧刚度和减震器阻尼力,以抑制车身的前倾。

3)加速时后坐控制

急加速时,提高弹簧刚度和减震器阻尼力,以抑制车身的后坐。

（3）车身高度控制

1）高速感应控制

车速超过 90 km/h，降低车身高度，以减少空气阻力，提高汽车行驶的稳定性。

2）连续差路面行驶控制

车速为 40～90 km/h，提高车身高度，以提高汽车的通过性；车速在 90 km/h 以上，降低车身高度，以提高汽车行驶的稳定性。

3）点火开关 OFF 控制

驻车时，当点火开关关闭后，降低车身高度，便于乘客上下车。

4）自动高度控制

当载重量变化时，保持车身高度恒定。

1.3.4　电控悬架系统的类型

电控悬架系统主要有半主动悬架和主动悬架两种。半主动悬架是指悬架元件中的弹簧刚度和减震器阻尼力之一可以根据需要进行调节。而主动悬架能根据需要自动调节弹簧刚度和减震器的阻尼力，从而满足汽车行驶平顺性和操纵稳定性等各方面的要求。主动悬架按照弹簧的类型，又可以分为空气弹簧主动悬架和油气弹簧主动悬架。其中应用空气弹簧主动悬架的汽车较多。

1.3.5　电控悬架系统检测维修

（1）电控悬架系统基本检查

1）汽车高度调整功能的检查

在轮胎充气压力满足要求、汽车处于正常高度调整状态下，启动发动机。检查完成高度调整所需的时间和汽车高度的变化量，再检查完成高度调整所需的时间和汽车高度的变化量。从操作高度控制开关到开始排气所需时间约 2 s，从开始排气到完成高度调整 20～40 s，汽车高度的变化量 10～30 mm。若不满足，应做进一步检查，确定故障原因、故障部位，采取相应的维修办法。

2）溢流阀的检查

对溢流阀进行检查时，要迫使压缩机工作以检查溢流阀动作，其检查步骤为：

①打开点火开关,短接高度控制连接器的端子,迫使压缩机工作。

②等压缩机工作一段时间后,检查溢流阀是否排放空气。

③关闭点火开关。

3)漏气检查

主要检查管子和软管的接头是否漏气,其步骤为:首先将高度控制开关拨到"HIGH"位置,使汽车高度上升,然后使发动机停机,如图1.65所示,在管子和软管的接头处加肥皂水检查是否漏气。

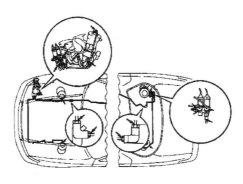

图1.65   漏气检查

4)输入信号检查

输入信号检查的目的是检查来自各传感器和开关的信号是否能正常地输入 ECU,步骤如下:

a.打开点火开关,将悬架刚度和阻尼控制均固定在"硬"的状态;b 将发动机室内的插接器端子短接,若存储器中没有故障码输出,可按表1.1中操作一、操作二的顺序进行操作,若符合要求,表明被检查系统信号正常输入 ECU。

表1.1   输入信号检查

项目检查	操作一	发动机工作状态		操作二	发动机工作状态	
		停机	运行		停机	运行
转向传感器	转向直前	闪烁	常亮	转向45°	常亮	闪烁
停车灯开关	OFF,制动踏板不踩下	闪烁	常亮	ON,制动踏板踩下	常亮	闪烁
门控灯开关	OFF,所有车门关闭	闪烁	常亮	ON,所有车门开启	常亮	闪烁
节气门位置传感器	不踩加速踏板	闪烁	常亮	加速踏板全部踩下	常亮	闪烁
1号汽车车速传感器	车速低于20 km/h	闪烁	常亮	车速在20 km/h以上	常亮	闪烁
高度控制开关	NORM 位置	闪烁	常亮	HIGH 位置	常亮	闪烁
悬架控制开关	NORM 位置	闪烁	常亮	SPORT 位置	常亮	闪烁
高度控制 ON/OFF 开关	ON 位置	闪烁	常亮	OFF 位置	常亮	闪烁

5）电控悬架自诊断系统

电控悬架一般都具有故障自诊断系统,当悬架系统出现故障时,ECU 将故障信息以代码形式存储在存储器内;同时仪表板上的电控悬架指示灯亮,提示系统出现故障。在排除故障和检修时,可以将存储器内的故障码调出,根据故障码形式内容判断故障部位及原因,有针对性地检修有关部件和线路。

在进行自诊断测试时,应使系统进入自诊断测试状态。自诊断系统需要利用指示灯读取故障码,因此要对指示灯进行检查。

指示灯检查:打开点火开关,HEIGHT 照明灯一直点亮,仪表板上的指示灯(悬架控制指示灯)和高度控制指示灯应亮 2 s 左右,2 s 后,把开关拨到 SPORT 位置,指示灯仍旧亮着;当把开关拨到 NORM 位置时,指示灯 2 s 后熄灭。当高度控制开关拨到 NORM 或 HIGH 侧时,相应的高度控制指示灯 NORM 或 HIGH 也点亮。如果高度控制 NORM 指示灯每秒间隔闪亮时,这表明 ECU 存储器存有故障码。悬架控制系统存在故障,应读取故障码并排除故障。如果在指示灯检查过程中出现表 1.2 中的情况,应进行相关电路的检查并排除故障。

表 1.2　电控悬架系统故障征兆及检查部位

故障征兆	检查部位
点火开关接通后,SPORT/HIGH 和 NORM 指示灯不亮	汽车高度控制电源电路、指示灯电路
打开点火开关后,SPORT/HIGH 和 NORM 指示灯亮 2 s,然后全部熄灭	—
有些指示灯(如 SPORT/HIGH 和 NORM)或 HEIGHT 照明灯不亮	指示灯电路或 HEIGHT 照明灯电路
悬架控制开关拨到 NORM 侧,NORM 指示灯仍旧亮着	悬架控制开关电路
仍旧亮着的汽车高度指示灯与高度控制开关所选定的汽车高度不一致	高度控制开关电路

读取故障码:打开点火开关,将诊断盒或检查插接器的端子 Tc 与 E1 短接。通过观察仪表盘上高度控制 NORM 指示灯的闪烁规律读取故障码。故障码含义见表 1.3。

表 1.3　故障码含义

故障码	故障诊断	故障 X 围
11	右前车身高度传感器电路短路	
12	左前车身高度传感器电路短路	车身高度传感器线束及插件
13	右后车身高度传感器电路短路	车身高度传感器 ECU
14	左后车身高度传感器电路短路	

续表

故障码	故障诊断	故障 X 围
21	前悬架控制执行器电路短路或断路	悬架控制执行器线束及插件
22	后悬架控制执行器电路短路或断路	悬架控制执行器 ECU
31	1 号高度控制阀电路短路或断路	高度控制阀线束及插件
33	2 号高度控制阀电路(右后悬架)短路或断路	高度控制器 ECU
34	2 号高度控制阀电路(左后悬架)短路或断路	
35	排气阀电路短路或断路	排气阀线束及插件;排气阀;ECU
41	1 号高度控制继电器电路短路或断路	1 号高度控制继电器线束及插件 1 号高度控制继电器 ECU
42	压缩机电动机卡滞或电路短路	压缩机电动机线束及插件;压缩机电动机;ECU
51	向 1 号高度控制继电器 (控制压缩机电动机)的供电时间超限	压缩机;空气弹簧;高度控制阀; 车身高度传感器;干燥器;排气阀;管路;ECU
52	向排气阀的供电时间超限	排气阀;空气弹簧;高度控制阀;车身高度传感器; 由于举升等造成的弹簧连续伸张;ECU
61	悬架 ECU 有故障	悬架 ECU
71	高度控制 ON/OFF 开关位于 OFF 位置或开关电路短路	高度控制 ON/OFF 开关线束及插件; 高度控制 ON/OFF 开关;ECU
72	悬架 ECU 供电电路(+B)断路或短路	悬架 ECU 供电电路线束及插件;AIR SUS 熔丝; 高度控制插座;ECU

故障码的清除:根据读取的故障码内容对故障部位进行检修后,还需要将存储在计算机存储器内的故障码清除,以便在以后的工作中记录和存储新的故障码。如不清除旧故障码,当再出现其他故障后,系统会将所有存储的故障码输出,维修人员便不知道哪些是当前存在的故障,哪些是以前排除过的故障,给维修工作带来麻烦。清除故障码有两种方法:

a. 在关闭点火开关的情况下,检查 1 号接线盒中的 ECU-B 熔丝 10 s 以上。

b. 在关闭点火开关的情况下,同时将高度控制插接器的 9 号端子与 8 号端子以及检查插接器的 Ts 端子 E1 端子短接 10 s 以上,然后接通点火开关并拆掉各端子的短接导线。

清除故障码后,再经过运行,如报警灯不再亮,说明故障已排除。如运行后报警灯仍然点亮,说明故障没有被彻底排除或还存在其他故障,需要重新调取故障码和排除故障。

（2）电控悬架系统的检修

1）检修电控悬架注意事项

①当用千斤顶将汽车顶起时,应将高度控制 ON 或 OFF 开关拨到 OFF 位置。如果在高度控制 ON/OFF 开关拨到 ON 位置的情况下顶起汽车,则 ECU 中会记录一个故障码。如果记录了故障码,务必将它从存储器中清除掉。

提示:将高度控制 ON/OFF 开关拨到 OFF 位置时,会显示故障码 71,这是正常的。将开关重新拨到 ON 位置后,该故障码自动被清除。

②在放下千斤顶前,应将汽车下面的所有物件搬走。

③在开动汽车之前,应将汽车的高度调整到正常状态。

④拆卸一只接触式空气管接头,再将它重新接上。拆卸和重新装上一只接触式管接头的顺序如下:

a.拆开支座。

b.X 开卡簧,缓缓将管子直接拔出(在拔出管子时会喷出压缩空气)。

c.应防止管子上的 O 形圈粘上杂质(不要抹掉 O 形圈上的润滑脂)。

d.拆下卡簧,装上一只新的卡簧(脱开管子后,务必更换一只新的卡簧)。

e.直接将管子推入并将它装好(应将管子推入至卡簧发出"咔嗒"声为止)。

f.装上支座。

g.检查是否漏气。

2）电控悬架的检查和调整

①悬架高度的检查和调整

把轮胎气压符合标准的车辆停放在水平地面上。将悬架刚度阻尼模式转换开关拨到 NORM 标准位置,如图 1.66 所示。

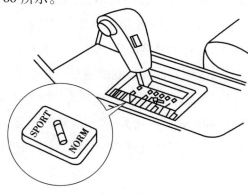

图 1.66　转换开关拨到 NORM 标准位置

上下摇动汽车,前后推动汽车,使悬架和车轮处于稳定位置。把变速杆推到 N 位,启动发动机。如图 1.67 所示,拨动高度开关到 HIGH(高)位置,使汽车高度升高,等待 2 min,再拨动高度开关到 NORM(标准)位置,并等待 2 min。重复上述操作一次,使 4 个悬架充分稳定。

②测量高度

如图 1.68 所示,分别测量前、后部下悬架安装螺栓到地面的高度。如大众辉腾轿车,前部高度为(228 ± 10)mm,后部高度(210.5 ± 10)mm。不符合要求时要进行调整。

图 1.67　拨动高度开关到 HIGH(高)位置　　　　　图 1.68　测量高度

③高度调整

高度调整部位为高度传感器连接杆螺栓。如图 1.69 所示,拧松锁紧螺母,转动连接杆螺栓(以改变螺栓长度),调整悬架高度,直到符合要求为止。再检查测量连接杆露出螺纹部分的长度,应不小于 13 mm。最后拧紧锁紧螺栓。

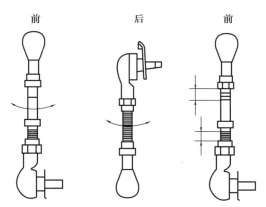

前　　　　　　　后　　　　　　　前

图 1.69　高度传感器连接杆螺栓

④高度调节功能的检查

启动发动机,如图 1.70 所示,把高度控制开关从 NORM 位置拨到 HIGH 位置。

⑤车身升高

如图 1.71 所示,测量车身升高 10 ~ 30 mm 所用的时间是否符合标准,要求从拨动开关起到悬架压缩机启动的时间约 2 s，从压缩机启动到完成升高动作的时间为 20~40 s。若不符合要求，说明悬架系统有故障，应及时排除。

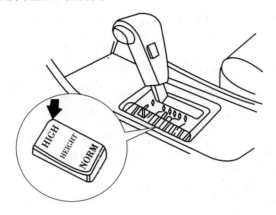

图 1.70　控制开关从 NORM 位置拨到 HIGH 位置

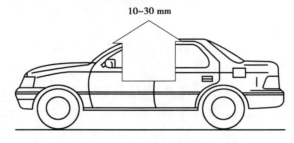

图 1.71　车身升高 10~30 mm

⑥检查排气阀的排气

如图 1.72 所示。若有空气排出，则正常；若压缩机运转的时间较长后，仍无空气排出，则排气阀可能存在故障，需要检修。

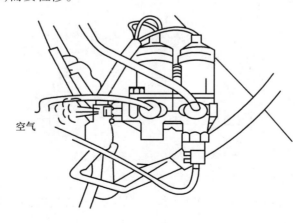

图 1.72　检查排气阀的排气

⑦悬架系统漏气的检查

启动发动机,把高度控制开关拨到 HIGH 位置,再将发动机熄火。使用肥皂水涂抹在供气管路和各个接头处,如图 1.73 所示,检查漏气情况。若有漏气,应更换管路、接头或密封垫圈。

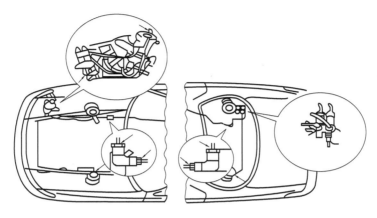

图 1.73　悬架系统漏气的检查

3)电控悬架故障诊断与排除

检查、分析、判断与检测不仅是电子控制系统故障排除的前提,而且是主要的任务。这是由于汽车电子控制系统的元器件大部分是密封式设计,损坏后一般不易修复,即使修复,其可靠性也大打折扣。因此,故障找到后,通常是用更换损坏的元器件来排除故障。

电控悬架系统故障的诊断分析应按照检查、检测、故障分析和排除的程序进行。

(3)电控悬架具体故障案例分析

1)汽车高度控制不起作用

①故障现象

一辆辉腾轿车,电控悬架系统车身高度控制不起作用,该车行驶 35 684 km,以前电控悬架系统没出现过故障。

②故障分析

接到车子后,将车辆开到诊断工位发现仪表显示发动机及电控悬架指示灯常亮;借用大众专用诊断仪调取所有故障代码(11、12、13、14),车身高度传感器信号故障。确认有故障存在且故障码删除后又会重新出现。查看维修资料,故障可能发生的症状部位,车身高度传感器继电器故障;传感器与 ECU 之间电路故障;ECU 故障。

③故障排除

a.拆下前轮胎,脱开车身高度传感器连接器,将点火开关置于 ON 位置,测量车身高度传感器连接器端子 1 与车身搭铁之间的电压,发现与供电电压一样,说明前车身高度传感器继电器正常。

b.检查悬架 ECU 与车身高度传感器之间的配线与连接器,发现电压与供电电压一样,说明配线与连接器没问题。

c.更换一只完好的车身高度传感器,故障消失,说明车身高度传感器损坏。

④维修总结

在此次维修中,我们使用了逐一排查法,因为不能具体得知是哪个部件出现故障,所以用逐一排除法是很有用的,再有就是及时询问车主以前有没有关于电控系统的维修,这样可以减少维修时间,提高维修效率。

2)驻车高度非常低

①故障现象

一辆辉腾轿车,在长时间行驶后停下,该车的车身高度非常低,且会听到明显的压缩机工作声音。

②故障分析

可能是压缩机故障、空气泄漏,或者悬架控制 ECU 出现故障。

③故障检修

首先进行路试,在行驶一段时间后停车,发现车身明显较低,且伴随着空气压缩机的声音,拆开前翼子板衬垫,脱开压缩机电动机连接器,检查压缩机电路,电压正常,初步断定是空气泄漏。检查压缩机后面的管路,用肥皂水涂抹管路,发现有气泡产生,说明是压缩机后的管路漏气,更换压缩机后的管路,故障消除。

3)压缩机不工作

①故障现象

一辆辉腾轿车在行驶途中想要升高车身,但是压缩机不工作,无法升高车身。

②故障分析

用解码器读取故障码,ECU 存储器中存在故障码 42,此时,汽车高度控制及减震阻尼力和弹簧刚度控制被禁止,用解码器清除故障码并试车后,故障码再次出现,说明是压缩机电动机故障。

③故障检修

a.拆下行李箱右侧盖,将点火开关转到 ON 位置,连接高度控制连接器端子 1 与 7,压缩机电动机正常运转。

b.脱开悬架 ECU 连接器,检查 ECU 连接端子 RM + 与 RM - 之间的导通,发现不导通。

c.更换悬架 ECU 连接器,重复第二步骤,发现已经导通,进一步试车,发现故障排除。

④故障总结

压缩机电动机控制电路容易出现故障的部位一般是连接器,或者压缩机电动机配线,而 ECU、空气压缩机一般不会出现损坏现象,所以当遇到压缩机部位故障的时候应该先考虑配线以及连接器是否故障,若没故障再检查压缩机是否出现故障,若压缩机也无故障,再考虑是不是悬架 ECU 故障。

项目 **2**

车轮与轮胎

任务 2.1　汽车车轮与轮胎

2.1.1　车轮的作用和结构

（1）车轮的作用

①支持车辆的全部质量,承受汽车的负荷,并传递其他方向的力和力矩。

②传送牵引和制动的扭力,保证车轮和路面之间有良好的附着性,以提高汽车的动力性、制动性和通过性;与汽车悬架共同缓和汽车行驶时所受到的冲击,并衰减由此而产生的震动。

③防止汽车零部件受到剧烈震动和早期损坏,适应车辆的高速性能并降低行驶时的噪声,保证行驶的安全性、操纵稳定性、舒适性和节能经济性。

（2）车轮的结构

车轮是介于轮胎和车轴之间所承受负荷的旋转组件,主要由轮辋、轮辐和轮毂组成。轮辋是在车轮上安装和支承轮胎的部件,轮辐是在车轮上介于车轴和车辋之间的支承部分。轮毂就是汽车轮胎内以轴为中心用于支承轮胎的圆柱形金属部件,通俗地说,就是车轮中心安装车轴的部位,是连接制动鼓(制动盘)、轮盘和半轴的重要零部件。车轮构造如图 2.1 所示。

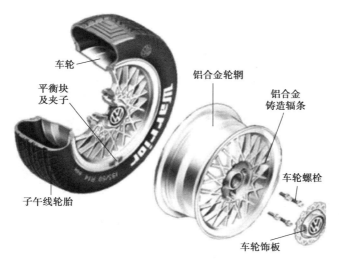

车轮

平衡块及夹子

子午线轮胎

铝合金轮辋

铝合金铸造辐条

车轮螺栓

车轮饰板

图 2.1　桑塔纳轿车辐板式车轮和轮胎

2.1.2　车轮的组成及分类

(1)轮辐

　轮辐是车轮上连接轮辋和轮毂的部分,其作用是保护车轮的轮圈、辐条,特征是一对圆形罩板,罩板的直径大小和轮圈的直径大小相接近,罩板的中心有大于车轮转动轴的孔,在罩板靠近边缘的部分有孔口,罩板的边缘有环形轮板,轮板的曲面能与轮圈的曲面紧密贴合。按照轮辐的结构,车轮分为辐板式和辐条式,目前主流的家用轿车均采用辐板式轮辐结构。

1)辐板式轮辐

辐板式轮辐与挡圈、轮辋和气门嘴伸出口共同组成车轮,如图 2.2 所示。辐板为钢质圆板,它将轮毂和轮辋连接为一体,大多是冲压制成的,少数是与轮毂铸成一体。后者多用于重型汽车。辐板与轮辋是铆接或焊接在一起的,对于采用无内胎轮胎的车轮,采用焊接法可提高轮辋的密闭性。

轿车的辐板采用材料较薄,常冲压成各样起伏形状,以提高刚度。辐板上开有若干孔,用以减轻质量,同时有利于制动器散热,安装时可作把手。

2)辐条式轮辐

辐条式轮辐是钢丝辐条或者是用轮毂铸成一体的铸造辐条,如图 2.3 所示。钢丝辐条由于价格昂贵、维修安装不便,故仅用于赛车和某些高级轿车。铸造辐条用于重型货车。在这种结构的车轮上,轮辋是用螺栓和特殊形状的衬块固定在辐条上,为使轮辋与辐条对称,在轮辋和辐条上都加工有配合锥面。

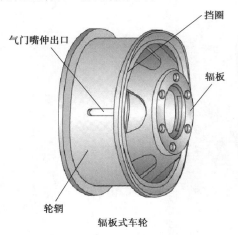

图 2.2　辐板式轮辐

图 2.3　辐条式轮辐

（2）轮辋

轮辋俗称轮圈,是在车轮上周边安装和支承轮胎的部件,与轮辐组成车轮。轮辋和轮辐可以是整体式的、永久连接式的或可拆卸式的。轮辋的常见形式主要有两种:深槽轮辋和平底轮辋;此外还有对开式轮辋、半深槽轮辋、深槽宽轮辋、平底宽轮辋以及全斜底轮辋等。

1）深槽轮辋

这种轮辋是整体的,其断面中部为一深凹槽,主要用于轿车及轻型越野汽车。它有带肩的凸缘,用以安放外胎的胎圈,其肩部通常略向中间倾斜,其倾斜角一般是 5°。倾斜部分的最大直径即称为轮胎胎圈与轮辋的接合直径,如图 2.4 所示。断面的中部制成深凹槽,以便于外胎的拆装。深槽轮辋的结构简单,刚度大、质量较小,对于小尺寸弹性较大的轮胎最适宜。但是尺寸较大又较硬的轮胎,则很难装进这样的整体轮辋内。

2）平底式轮辋

这种轮辋的结构形式很多,图 2.5 所示是我国货车常用的一种形式。挡圈是整体的,而用一个开口弹性锁图来防止挡圈脱出。在安装轮胎时,先将轮胎套在轮辋上,而后套上挡圈,并将它向内推,直至越过轮辋上的环形槽,再将开口的弹性锁圈嵌入环形槽中。东风 EQ1090E 型和解放 CA1091 型汽车车轮,均采用这种形式的轮辋。

图 2.4　深槽式轮辋　　　　　　　　　　　　　图 2.5　平底式轮辋

3）对开式轮辋

这种轮辋由内外两部分组成,其内外轮辋的宽度可以相等,也可以不等,两者用螺栓连成一体。拆装轮胎时,拆卸螺母即可。如图 2.6 所示,有的无挡圈,是由内轮辋制成一体的轮缘代替挡圈的作用,内轮辋与辐板焊接在一起。东风 EQ2080 和延安 SX2150 型汽车车轮,即采用这种形式的轮辋。

图 2.6　对开式轮辋

由于轮辋是轮胎的装配和固定基础,当轮胎装入不同轮辋时,其变形位置与大小也发生变化。因此,每一种规格的轮胎,最好配用规定的标准轮辋,必要时也可配用规格与标准轮胎相近的轮辋。如果轮辋选用不当,会造成轮胎早期损坏,特别是使用在过窄的轮辋上时。

近几年来,为了适应提高轮胎负荷能力的需要,开始采用宽轮辋。试验表明,采用宽轮辋可以提高轮胎的使用寿命,并改善汽车的通过性和行驶稳定性。

（3）轮毂

轮毂是轮胎内廓轮钢通过立柱连接的轮芯旋转部分,即支承轮胎的中心装在轴上的金属部件,如图2.7所示。轮毂又叫轮圈、钢圈、轱辘、胎铃。轮毂根据直径、宽度、成型方式及材料的不同,有很多种类。

图2.7 轮毂

轮毂按材料不同可分为钢轮毂和合金轮毂,两种轮毂各有利弊。

钢质轮毂最主要的优点就是制造工艺简单,成本相对较低,而且抗金属疲劳的能力很强,缺点是外观丑陋,质量较大(相同的轮毂钢材质要比铝合金材质重很多),惯性阻力大,散热性也比较差,而且非常容易生锈。

合金轮毂的主要优点:质量轻,制造精度高,强度大,惯性阻力小,散热能力强,视觉效果好等。铝合金轮毂相比钢轮毂而言质量较轻,铝合金的伸缩率高,弹性好,而且铝合金热传导性好,对刹车系统散热非常有利。增强了制动效能,提高轮胎和刹车盘的使用寿命,而且它刚性好,保圆性好,不易变形。铝合金轮毂弹性好,提高车辆行驶中的平顺性,更易于吸收运动中的震动和噪声,更能保障汽车的安全行驶。在高速转动时的变形小,有利于提高汽车的直线行驶性能,减轻轮胎滚动阻力,从而减少油耗;合金材质的导热性能是钢的3倍左右,散热性好,对于车辆的制动系和轮胎的热衰减都能起到一定的作用。缺点是制造工艺复杂,成本高,主要用在高配车型上。

合金轮毂通常可分为以下几种:

1)多件式合金轮毂

多件式合金轮毂有两件式和三件式两种。轮毂的几个部分分别用锻造和旋压工艺制造,然后用钛螺栓连接,这些产品质量轻、强度高、性能优越,但是价格昂贵,主要用于各类锦标赛赛车和高档豪华汽车。在全球各类级别的车赛中,无论是汽车还是摩托车,无论是在何种条件下,要求车辆能在短短的3 s内将车速从零加速到100 km/h,因此轮毂需要在赛道上能够承受由于极高的横向加速度、极高的运行速度和恶劣的条件而产生的超负荷运行状态,以及轮胎强烈磨损而产生的温升造成的影响,在这种环境中多件式铝轮毂经受住了各种艰苦环境的考验。尽管合金轮毂质量小,但由于采用了先进的制造工艺技术,其结构强度高,如图2.8所示。

2)单件式赛车合金轮毂

F1赛车要求采用单件式轮毂,是为了确保轮毂的使用性能和车辆减重的要求,如图2.9所示。通常采用锻造制坯再利用旋压工艺成型生产,与以确保产品的高性能和最轻质化的同规格铸造合金轮毂相比,其力学性能提高18%以上,质量还可减小约20%。专门为F1赛车设计制造的单件式合金轮毂,经受住了各种艰苦环境的考验。然而乘用车合金轮毂不像赛车对性能的要求那样苛刻,整体式低压铸造合金轮毂足以满足其性能的要求,但乘用车更加注重合金轮毂的外观造型和美观性设计。受赛车运动的影响和节能、美观的要求,汽车合金轮毂也在发生着变化,更富有运动感的大直径、柔细轮辐合金轮毂设计以及轻质化合金轮毂设计,是汽车合金轮毂主要的发展趋势和追求的方向。

图2.8　多件式合金轮毂　　　　　　　　　　图2.9　单件式赛车合金轮毂

3)内置空气合金轮毂

为了最大限度地减小轮毂的质量,一种全新概念的新型轻质化合金轮毂——内置空气合金轮毂应运而生,通过空腔技术进一步减小轮毂的质量,如图2.10所示。这种合金轮毂有单件式和两件组合式之分,单件式内置空气合金轮毂通过空腔技术,将轮毂的所有轮辐、轮辋的内外凸肩处均制成空腔,极大地减小了轮毂的质量,与同结构合金轮毂相比质量减小达20%,而使用性能却得到了大大的提升;两件组合式内置空气合金轮毂则是将轮毂轮辋的内凸肩处制成空腔,大大地减小了轮毂的质量,与同结构合金轮毂相比质量减小5%,提高了产品的使用性能。该类型的合金轮毂是采用铸造毛坯,利用旋压工艺完成空腔的制造。

图 2.10　内置空气合金轮毂

2.1.3　轮胎的作用和分类

轮胎是在各种车辆或机械上装配的接地滚动的圆环形弹性橡胶制品。通常安装在金属轮辋上,能支承车身,缓冲外界冲击,实现与路面的接触并保证车辆的行驶性能。轮胎常在复杂和苛刻的条件下使用,它在行驶时承受着各种变形、负荷以及高低温作用,因此必须具有较高的承载性能、牵引性能和缓冲性能。同时,还要求具备高耐磨性和耐屈挠性,以及低的滚动阻力与生热性。

（1）轮胎的作用

轮胎是汽车上最重要的组成部件之一,它的作用主要有:

①支承车辆的全部质量,承受汽车的负荷,并传递其他方向的力和力矩。

②传送牵引和制动的扭力,保证车轮和路面之间有良好的附着性,以提高汽车的动力性、制动性和通过性;与汽车悬架共同缓和汽车行驶时所受到的冲击,并衰减由此而产生的震动。

③防止汽车零部件受到剧烈震动和早期损坏,适应车辆的高速性能并降低行驶时的噪声,保证行驶的安全性、操纵稳定性、舒适性和节能经济性。

（2）轮胎的分类

1）按结构分类

轮胎按结构不同可以分为子午线轮胎和斜交线轮胎两种类型。

斜交线轮胎,又称尼龙轮胎。该轮胎与地面的接触面为椭圆形,胎冠和胎侧是由相同的帘布层结构组成,胎面可能受到任何形式的变形的影响,胎体层一般相互交错排列,如图 2.11(a)所示。轮胎与路面接触区域变形与地面产生摩擦,磨损大、抓地力差、较高油耗、车辆行驶性能一般、较多生热、胎冠容易刺破。

　　子午线轮胎的胎侧和胎面功能相对独立,胎面不会受到胎侧弯曲的影响,不存在胎侧各层之间的相对运动,如图 2.11(b)所示。轮胎与路面接触区域变形较小;减少与地面之间的横向摩擦,使用寿命更长、抓地力好、刹车距离短、轮胎接地面压力平均分布、油耗低、车辆行驶平稳性好、生热少防刺破性能强。

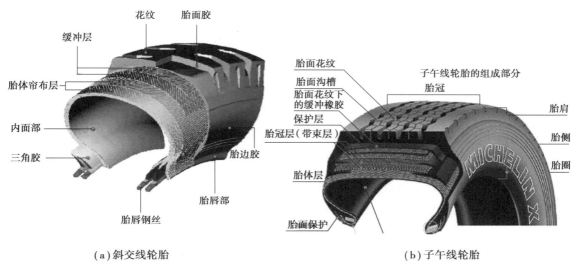

(a)斜交线轮胎　　　　　　　　　　　(b)子午线轮胎

图 2.11　不同结构轮胎

2)按花纹分类

　　轮胎按花纹不同可以分为条形花纹轮胎、横向花纹轮胎、混合花纹轮胎和越野花纹轮胎四种类型,如图 2.12 所示。

(a)条形花纹　　　　(b)横向花纹　　　　(c)混合花纹　　　　(d)越野花纹

图 2.12　不同花纹轮胎

3)按尺寸分类

　　轮胎按尺寸不同可以分为全尺寸备胎和非全尺寸备胎,如图 2.13 所示。

全尺寸备胎:全尺寸备胎的规格大小与原车其他4条轮胎完全相同,可以将其替换为任何一条暂时或已经不能使用的轮胎。

非全尺寸备胎:这种备胎的轮胎直径和宽度都要比其他4条轮胎略小,因此只能作为临时代替使用,而且只能用于非驱动轮,并且最高车速不能超过80 km/h。

图2.13　全尺寸和非全尺寸备胎

4)按轮胎内空气压力大小分类

按轮胎内空气压力的大小,轮胎分为高压胎(0.5~0.7 MPa)、低压胎(0.2~0.5 MPa)和超低压胎(0.2 MPa以下)三种。

高压轮胎,以前指充气压力为0.5~0.7 MPa的轮胎,后由于骨架材料和轮胎设计的发展,轮胎负荷逐渐加大,气压相应随之提高,而缓冲性能仍与原同规格低压轮胎相近。

低压胎弹性好,减震性能强,壁薄散热性好,与路面接触面积大、附着性好,因而广泛用于轿车。超低压胎在松软路面上具有良好的通过能力,多用于越野汽车及部分高级轿车。

超低压轮胎只适宜在沼泽地、疏松雪地等软地面上使用。

5)按轮胎有无内胎分类

轮胎按有无内胎可分为有内胎轮胎和无内胎轮胎(俗称真空胎)两种,如图2.14所示。目前,轿车上普遍采用无内胎轮胎。

（a）有内胎轮胎　　　　　　　　　　（b）无内胎轮胎

图2.14　按有无内胎分类

有内胎轮胎:它是卡车轮胎的原始设计,用不同的橡胶制成两个单独的内胎和外胎,以便将空气密封在轮胎之中,保持胎压。

无内胎轮胎:更加先进的轮胎研发设计,轮胎本身就有内胎构造,无须单独的内胎。这项技术简化了将轮胎安装到轮辋上时所需的部件和操作。

2.1.4　轮胎的结构及组成

轮胎通常由外胎、内胎和垫带等组成,轮胎的结构如图 2.15 所示。

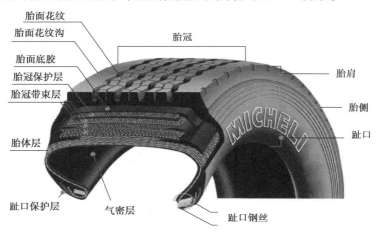

图 2.15　轮胎的结构

(1)外胎

外胎是保护内胎不受外来损害的强度高而且有一定弹性的外壳,它直接与地面接触。外胎可根据其胎体中帘线排列方向的不同,分为斜交线轮胎和子午线轮胎。外胎是由胎体、缓冲层(或称带束层)、胎面、胎侧和胎圈组成。外胎断面可分成几个单独的区域:胎冠区、胎肩区(胎面斜坡)、屈挠区(胎侧区)、加强区和胎圈区。

1)胎体

胎体又称胎身。通常指由一层或数层帘布层(具有强度、柔软性和弹性)与胎圈组成整体的充气轮胎的受力结构。

2)缓冲层

斜交线轮胎胎面与胎体之间的胶帘布层或胶层,不延伸到胎圈的中间材料层,用于缓冲外部冲击力,保护胎体,增进胎面与帘布层之间的黏合。子午线结构轮胎的缓冲层由于其作用不同,一般称为带束层。

3）胎面

外胎最外面与路面接触的橡胶层。通常把外胎胎冠、外胎结构、胎肩、胎侧、加强区部位最外层的橡胶统称为胎面胶。

胎面用来防止胎体受机械损伤和早期磨损,向路面传递汽车的牵引力和制动力,增加外胎与路面(土壤)的附着力,以及吸收轮胎在运行时的振荡。

轮胎在正常行驶时直接与路面接触的那一部分胎面称为行驶面。行驶面表面由不同形状的花纹块、花纹沟构成,凸出部分为花纹块,花纹块的表面增大外胎和路面(土壤)的附着力和保证车辆必要的抗侧滑力。花纹沟下层称为胎面基部,用来缓冲振荡和冲击。

4）胎侧

胎侧是轮胎侧部帘布层外层的胶层,用于保护胎体,又有弹性。

5）胎圈

轮胎安装在轮辋上的部分,由胎圈芯、帘布层包边和胎圈包布等组成。它能承受因内压而产生的伸张力,同时还能克服轮胎在拐弯行驶中所受的横向力,使外胎不致脱出轮辋。因此它必须有很高的强力,结构应紧密坚固,不易发生变形。

胎体需要有充分的强度和弹性,以便承受强烈的振动和冲击,承受轮胎在行驶中作用于外胎上的径向、侧向、周向力所引起的多次变形。胎体由一层或多层挂胶帘布组成,这些帘布能使胎体以及整个外胎具有必要的强度。

胎圈是轮胎安装在轮辋上的部分,由胎圈芯和胎圈包布组成,起固定轮胎的作用。

①胎踵:胎圈外侧与轮辋胎圈座圆角着合的部分。

②胎圈芯:由钢圈、三角胶条和胎圈芯包布制成的胎圈部分。

③钢丝圈:由镀铜钢丝缠绕成的刚性环,是将轮胎固定到轮辋上的主要部件。

④装配线:模压在胎侧与胎圈交接处的单环或多环胶棱,通常用以指示轮胎正确装配在轮辋上的标线。

(2)内胎

内胎俗称里胎,指用于保持轮胎内压、带有轮胎气门嘴的圆环形弹性管。气门嘴用以充气并使空气在内胎内保持一定压力。内胎应具有良好的气密性、耐热性、弹性、耐老化性及较小的永久变形等特性。一般用丁基橡胶制造。

内胎是充气减震用承气容器,是用于卡车、小汽车、摩托车、自行车、人力车等轮胎内腔的辅助承气压容器,按所含主要材质可分为天然胶内胎和丁基胶内胎,另外有一种新型产品纯丁基胶内胎,比如郑州澳德橡胶工业有限公司生产的"宝路捷"纯丁基胶内胎。丁基胶内胎产品指用丁基橡胶、丁基再生橡胶为主要原材料,加入三元乙丙橡胶及填充剂、助剂、防老化剂等辅料,按一定比例配方,经混炼、密炼、出型、硫化定型后加工成各种型号的车用内胎产品。

(3)垫带

垫带是具有一定断面形状的环形胶带,内胎气门嘴通过垫带上圆孔,保护内胎不受磨损,通常用在有内胎的大货车轮胎上。真空胎和轿车胎不要垫带。

2.1.5　轮胎的检查、拆装与故障检测

(1)轮胎的检查

1)轮胎充气压力的检查

保证轮胎正常的气压,是轮胎运行的首要条件。为此,应经常用轮胎气压表检查轮胎气压。轮胎气压过高,轮胎的刚性也随之升高,减少了轮胎的接地面积,易造成轮胎胎冠的早期磨损,从而降低使用寿命。轮胎气压过低,降低了轮胎的刚性,轮胎的径向形变增大,接地面积分布不均,导致轮胎过度发热,橡胶在高温下黏结力降低、线帘松散,易造成轮胎胎面早期磨损,从而降低使用寿命。轮胎正常的充气压力与标准值的差值应在5%以内。

2)检查轮胎侧面

检查轮胎侧面有无划伤,胎冠面有无裂纹、鼓包的现象。汽车以高速驶过凹坑、障碍物及马路沿时,轮胎局部在巨大的撞击力下将发生严重变形,内部压力瞬间增大,这样的直接后果就是造成轮胎鼓包或刮伤。已经发生鼓包或严重刮伤的轮胎必须立即更换,否则就有爆胎的危险。如有异常情况,应进行修补或更换。

3)检查轮胎磨耗标记

当轮胎磨耗标记显露出来时,就应更换轮胎。小型车的轮胎在胎面上嵌入的磨耗标记一般有8条,宽度为12.5 mm;位于相应部位的轮胎侧壁印有"s""A"或"TW1"的记号。当轮胎胎面花纹的深度小于1.6 mm时,磨耗指示带就会显露出来。如果能从邻近的两个以上的槽中看到磨耗指示带,轮胎就应及时更换。

对于经常行驶在高速公路上的车辆,当其轮胎花纹深度小于2.4 mm时,应更换该轮胎。轮胎胎面的花纹深度小于4 mm时,将不具备在雪地行驶的效力,在冬季行车时应予更换。

4)检查轮胎胎面

轮胎胎面因局部磨损,不得暴露出轮胎帘布层。轮胎胎面和胎壁上不得有长度超过2.5 cm、深度足以暴露出轮胎帘布层的破裂和伤痕。如果轮胎上有硬伤切口或暴露帘线的裂隙及出现凸起等现象时,说明轮胎存在安全隐患,应予以更换。

5）胎面是否有夹石或铁钉

汽车在行驶时会发出声响,但行驶起来却没有故障,这时就要检查一下是不是有小石子卡在轮胎花纹里。自己将胎面纹路里的这些小石粒挖出来就可以解决或者到维修店保养。

6）轮胎胎面的异常磨损检查

轮胎胎面磨损大致分为以下几种情况:

①外侧边缘磨损

如果轮胎的外侧边缘有较大的磨损,如图2.16所示,说明轮胎经常处于充气不足的状态,即压力不够。解决办法:多检查几次轮胎压力。可能的话按高速公路标准充气,即比正常标准再多加30 kPa。

②凸状及波纹状磨损

如果发现轮胎着地部分的两侧呈凸状磨损,而且轮胎周边也呈波纹状磨损,如图2.17所示,说明车的减震器、轴承及球形联轴节等部件磨损较为严重。解决办法:在更换轮胎前,先检查悬挂系统的磨损情况,更换磨损部件。

图2.16　外侧边缘磨损

图2.17　凸状及波纹状磨损

③表面均匀磨损

轮胎的均匀磨损是正常现象,如图2.18所示,一旦花纹磨平,说明轮胎必须更换。解决办法:如果磨损已达轮胎花纹的标准深度(通常为1.6 mm 宽度大于175 mm 的轮胎则为2 mm),就要更换。同一根车轴上不同轮胎的磨损差别不得超过5 mm。

④中心部分磨损

如果发现轮胎着地部分的中心面积出现严重磨损的情况,如图2.19所示,这表明轮胎经常处于充气过满的状态,这会加速轮胎的磨损。解决办法:检查一下压力表是否精确,调整好压力。只有在高速行驶或载重行驶的时候才需给轮胎充分充气,在一般状态下则不必。

图2.18　表面均匀磨损

图2.19　中心部分磨损

⑤轮胎侧面裂纹

保养不善或行驶于多石子的路面及建筑工地上,以致坚硬物体接触到轮胎,在重压下造成轮胎内层的破损。解决办法:如果修理费用不太贵,以更换轮胎为妥。

⑥轮胎出现鼓泡

轮胎内层有裂纹而造成气体通过裂纹达到表层,最终会导致轮胎"放炮"。解决办法:最好及时更换轮胎,特别是在长途驾驶的情况下。

⑦轮胎内侧磨损

轮胎内侧磨损、外层边缘呈毛刺状。常见到一些旧车的悬挂系统不良,使整个车身深陷下去,如图2.20所示。这表明轮胎变形,两个轮胎的对称性已受影响。解决办法:将减震器、球形联轴节等配件全部更换。

图2.20　轮胎内侧磨损

⑧轮胎局部磨损

如果轮胎表面只有一块大面积磨损,说明是紧急刹车时压瘪车轮所造成的,而如果前后轮有两块相同的磨损,就说明鼓式刹车有问题了。解决办法:必须更换轮胎。为应急可以把旧轮胎暂时换到后轮,以保证安全。

7)备胎的检查

首先,要经常检查备胎气压;其次,备胎要注意防油蚀,轮胎是橡胶制品,易被各种油品侵蚀。轮胎沾油后很快就会发生胀蚀,这会大大降低轮胎的使用寿命;最后,备胎的寿命在4年左右,过了4年即使备胎一次也没有使用过也需要更换,否则备胎就成了废胎。

（2）轮胎的拆装

1）注意事项

①拆装轮胎要在清洁、干燥、无油污的地面上进行。

②拆装轮胎要用专用工具。不允许用大锤敲击或其他尖锐的工具拆装。

③外胎、内胎、垫带、轮辋必须符合规格要求才能组装。要特别注意子午线轮胎胎圈部分的完好。

④内胎装入外胎前，须紧固气门嘴，以防漏气，并在外胎内部和垫带上涂上滑石粉。

⑤气门嘴的位置应装在轮辋气门嘴孔中。胎侧有平衡标记的，标记应在与气门嘴相对的位置上，以便于平衡。轮辋上有平衡块的，应用动平衡机进行平衡调整。

⑥安装子午线的轮胎，应注意滚动方向的标记。拆装子午线轮胎应做记号，使安装后的子午线轮胎滚动方向保持不变。

2）操作步骤

①准备好拆卸汽车轮胎整个过程需要用到的工具以及设备。

②拆卸轮胎螺丝帽。

③取下来的螺丝帽要放在小盒子里，避免丢失。

④汽车轮胎螺丝的初次松动：取出轮胎扳手，用专用的轮胎扳手卡在螺丝上，然后逆时针转动，将螺丝松动。

⑤将需要拆卸轮胎的地方支撑起来，取出千斤顶，在汽车底盘上找到加强筋的支撑点，然后用千斤顶将车辆支撑起来。

⑥再次取出轮胎扳手，将之前松动的固定轮胎的螺丝拆解下来，拆解下来的螺丝要收好放在小盒子里。

⑦取下汽车的轮胎。

任务2.2　车轮定位

2.2.1　车轮定位的目的

设计车轮定位参数的目的是保证汽车的操纵稳定性、制动时的方向稳定性及最小的轮胎磨损,并在各种路况下保证这些要求的实现。但在使用过程中,由于悬架及转向系统中元件的磨损、变形、损坏会使定位参数发生变化而失准,从而导致严重事故和轮胎磨损。而在更换球销、摆臂、横拉杆等零件后对车轮定位参数进行调整则是必需的。进行车轮定位就是对悬架及转向系统各部件进行调整,以达到原设计功能。且只有电脑四轮定位才是快捷、准确的定位方法。

汽车车轮定位的检测有静态检测法和动态检测法两种类型。静态检测法是在汽车停止的状态下,使用测量仪器对车轮定位进行几何角度的测量。动态检测是在汽车以一定车速行驶的状态下,用测量仪器检测车轮定位产生的侧向力或由此引起的车轮测滑量。

2.2.2　车轮定位检测的基本流程

(1)静态检测方法及定位仪的类型

车轮定位值的静态检测法,是根据车轮旋转平面与各定位角间存在的直接或间接的几何关系,用专用的检测设备测量其是否符合规定。使用的检测设备有气泡水准式、光学式、激光式、电子式和微机式等车轮定位仪。

气泡水准式定位仪由于具有结构简单、价格低廉、便于携带等优点,在国内获得广泛应用,但是也有安装和测试费时费力等缺点。

光学式车轮定位仪一般由转盘、支架、车轮镜和投光装置等组成。投光装置(由投光器和投影屏组成)也像水准仪一样安装在支架上,支架固定在轮辋上。该定位仪利用光学投影原理,将车轮纵向旋转平面与车轮定位的关系投影到带有指示刻度的投影屏上,从而测得车轮定位值。

激光式车轮定位仪的检测原理与光学式相同,只不过采用的是激光投影系统,因而在强烈的阳光下也能清楚地从投影屏上读出测量数据。

电子式车轮定位仪则是在光学式和激光式的基础上,由投影屏刻度显示转变为显示屏数字显示。

微机式车轮定位仪比以上几种车轮定位仪先进,目前国内外生产的定位仪多以这种类型为主,且一般为四轮定位仪,可同时检测前、后轮的定位参数。微机式车轮定位仪由于采用微电脑技术和精密传感测量技术,并备有完整齐全的配套附件,所以具有测量准确和操作简便等优点。它一般由微机主机、显示器、操作键盘、转盘、支架、打印机和遥控器等组成,往往制成可移动台式。它由安装在车轮上的传感器把车轮定位角的几何关系转变成电信号,送入微机分析判断,然后由显示屏显示和打印机打印输出。测试过程中,可通过操作全功能红外线遥控器,在汽车的任何位置实现远距离的测试控制。

(2)气泡水准式定位仪及使用方法

气泡水准定位仪按适用车型范围分为两种,一种适用于大、中、小型汽车,另一种仅适用于小型汽车。前者一般由水准仪、支架、转盘(转角仪)等组成,后者一般由水准仪和转盘组成。

水准仪如图2.21所示,水准仪也分为两种,一种适用于大、中、小型汽车,另一种仅适用小型汽车。它们均由壳体、水泡管、水泡调节装置和刻度盘等组成。适用于大、中、小型汽车的水准仪带有两个定位锁,以便插入支架中心孔固装在支架上;适用于小型汽车的水准仪带有永久磁铁和定位针,可以对准转向节枢轴中心孔吸附在轮毂的端面上,因而省去了支架。

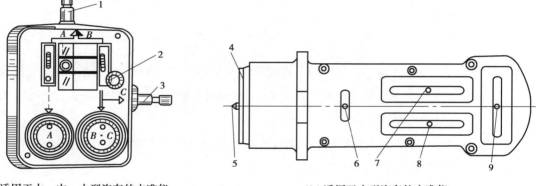

(a)适用于大、中、小型汽车的水准仪　　　　(b)适用于小型汽车的水准仪

图2.21　水准仪

1、3—定位锁;2—旋钮;4—永久磁铁;5—定位针;6—校正水平的水泡管;

7—测量主锁后倾角的水泡和;8—测量前轮外倾角的水泡管;9—测量主锁内倾角的水泡管

支架是水准仪与轮辋之间的连接装置,支架固定在轮辋上,水准仪则插在支架的中心孔内,由锁紧螺钉锁住。支架有卡紧式和磁力式两种。

转盘一般由固定盘、活动盘、扇形刻度尺、游标指示针、锁止销和若干滚珠等组成。

常见气泡水准定位仪的使用方法大同小异,下面以国产 GCD-1 型光束水准仪为例介绍使用方法。GCD-1 型水准仪,除由一个水准仪、两个支架和两个转盘组成外,还配备有两个聚光器、两个标尺、两根标杆和一个踏板抵压器。聚光器在标杆配合下可测得车轮前束值,聚光器在标尺配合下可测得后轴与前轴间的平行度、后轴与车架间的垂直度及后轴与车架在水平平面的弯曲变形等。踏板抵压器可将制动踏板压住,省去人力。

1）检测前的准备

汽车技术状况、汽车轮胎及气压应符合规定。车轮轮辋轴承、转向节衬套与主锁的配合符合要求。汽车制动可靠。

检测场地要求检测场地水平且平整。检测时，应保证前后车轮与地面处于同一水平面上。

汽车摆放将汽车两前轮处于直线行驶位置，分别放置在各自的转盘上，并使主锁中心线的延长线通过转盘中心。确定前轮直线行驶位置后，将转盘扇形刻度尺调整到零位，对准游动指针，然后固定。当再转动转向盘时，前轮的转角可从转盘刻度尺上读取。

安装支架时，先将固定支架的两个固定脚卡在轮辋适当部位，再移动活动支架，使其固定脚也卡在轮辋上，然后用活动支架的偏心卡紧机构将三个固定脚卡紧在轮辋上。此时，三个固定脚的定位端面紧贴在轮辋的边缘上。松开调整支座弹性固定板的固定螺栓，使调整支座沿导轨滑动，通过特制芯棒使调整支座安装聚光器或水准仪的孔中心与前轮中心重合，然后拧紧螺栓，将调整支座固定于导轨上。经验表明，当支架中心与车轮中心偏离 2~3mm 时，对测量结果影响甚微，故也可以目视对中，而不使用芯棒。

轮辋变形的检查及补偿将聚光器定位销轴插入支座孔中，使销轴定位端面与支座定位端面贴合，然后拧紧弹簧卡固定螺钉，使聚光器不至于从支座上滑落。顶起被测车轮，使其离开转盘，当在其圆周上施力时能自由转动。将标杆以轮辋半径 7 倍的距离放在所测车桥之前或之后的地面上，一般而言，测前轮轮辋变形量时，可把标杆放于前桥之前；测后轮轮辋时，可把标杆放在后桥之后。将聚光器通以电源，聚光器发出强光束指针，转动聚光器的调节盘，使光束指针的扇形缺口朝上，调整聚光器伸缩套筒，使光束指针清晰地指在标杆上带有刻度的标牌上，用手把持聚光器，松开弹簧卡固定螺钉，缓慢转动车轮一周，读出光束指针指示的最大值与最小值，最大值与最小值之差即为轮辋端面的摆差。当摆差大于 3 mm 时，一般认为轮辋是不合格的，应予更换。对于有摆差的车轮轮辋，为了消除对检测车轮定位角度值的影响，可转动调整支座上的滚花调节螺钉，直至光束指针指示的最大值与最小值之差在 3 mm 之内为止。轮辋的变形补偿后，将车轮放回转盘上。

2）前束值的检测

以前轮前束为例，讲述前束的检测方法。汽车两前轮放于转盘上，找正直线行驶位置后，在检测前束的过程中不得再转动转向盘。

调节标杆长度，使同一标杆两标牌之间的距离略大于被测轮距，并使聚光器光束指针大致投射到标牌的中间位置。两套标杆一定要调整到等长，特别是标牌之间的距离一定要相等，否则将影响检测结果。

将已调好的两套标杆放置在被测车桥的前后两侧，并平行于该车桥。每一标杆距车轮中心的距离为车轮上规定前束测点处半径的 7 倍。车轮上规定前束测点依车型而定,有的测点在胎面中心处,有的测点在胎侧突出处,而有的测点在轮辋边缘处,检测前束应注意查阅汽车使用说明书。

先将车轮一侧聚光器的光束投向前标杆的标牌上,使光束指针指于某一整数位置上,如图 2.22 所示。再将该聚光器的光束向后投射到后标杆的标牌上,并平行移动后标杆使光束指针落在与前标牌同一数值上。然后,将另一侧聚光器分别向前标杆、后标杆投射光束,读出光束指针指示值,计算前束。若前标杆指示值为 25 mm,后标杆指示值为 28 mm,则前束值为 (28 – 25)m = 3 mm。若前标杆指示值为 28 mm,后标杆指示值为 25 mm,则前束值为 – 3 mm,即为负前束。

汽车后轮前束的检测方法与此相同。

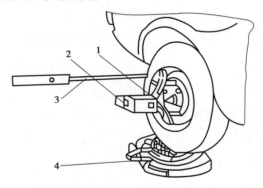

图 2.22　检测车轮前束值

1—支架;2—聚光器;3—标杆;4—转盘

3)车轮外倾角的检测

在车轮保持直驶位置不动的情况下,将水准仪黑箭头指示的定位销插入车轮上支架的中心孔内,并使水准仪在左右方向上大致处于水平状态。轻轻拧紧弹簧卡锁紧螺钉,固定水准仪,如图 2.23 所示。

转动水准仪上的 A 调节盘,直到对应气泡管内的气泡处于中间位置为止,然后在刻度盘上读出 A 盘红线所指角度值,该角度值即为前轮外倾角。用同样的方法可检测其他车轮的外倾角。

4)主销后倾角的检测

前轮外倾角测定后,可不动水准仪,接着进行主销后倾角的检测。

将前轮向内转 20°(左前轮向左转,右前轮向右转,下同),松开弹簧卡锁紧螺钉,使水准仪左右方向处于水平状态,然后拧紧锁紧螺钉。

转动水准仪上的 BC 调节盘,使其上红线与蓝、红、黄刻度盘零线重合。调整对应气泡管的旋钮,使气泡居中。

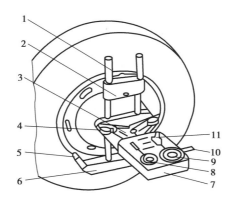

图 2.23　检测车轮外倾角和主销后倾角

1—导轨;2—活动支架;3—调整支座;4—调节螺钉;5—固定脚;6—固定支架;

7—水准仪;8—A 调节盘;9—BC 调节盘;10—定位销;11—旋钮

将前轮向相反方向转 40°,转动 BC 盘使气泡管居中,在蓝盘上读出 BC 盘红线所示之值即为主销后倾角。

5)主销内倾角的检测

检测前应使前轮处于制动状态,以防止转动转向盘时前轮滚动。

将红黄箭头所指的定位销插入支架中心孔内,轻轻拧紧锁紧螺钉,如图 2.24 所示。将被测前轮向内转 20°,松开锁紧螺钉,使水准仪在左右方向上处于水平状态,然后拧紧锁紧螺钉。

转动 BC 调节盘,使其红色刻线与蓝、红、黄刻度盘零线重合。调节对应气泡管旋钮,使气泡居中。

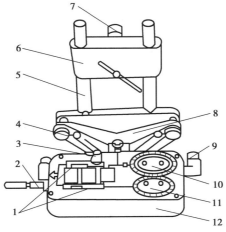

图 2.24　检测主销内倾角

1—水泡管;2—定位销;3—旋钮;4—调节螺钉;5—导轨;6—活动支架;

7、9—固定脚;8—调整支座;10—BC 调节盘;11—A 调节盘;12—水准仪将前轮向外转40°,调节BC盘使水泡管气泡居中。此时,BC盘红线在红刻度盘或黄刻度盘所示之值即为主销内倾角。检测左前轮时,在黄刻度盘上读数;检测右前轮时,在红刻度盘上读数。

6)前轮最大转角的检测

前轮最大转角是指前轮处于直线行驶位置时,分别向左、右转至极限位置的角度。前轮处于直线行驶位置,将转盘扇形刻度尺置于零位并固定。转动转向盘,使前轮转向任一侧至极限位置,从扇形刻度尺上读出的数值,即为该侧最大转角,同理可测出转向另一侧的最大转角。

(3)四轮定位仪及使用方法

由于汽车行驶速度越来越高,汽车的操纵稳定性对行车安全影响越来越大。有些汽车,尤其是汽车不仅具有前轮定位,还具有后轮外倾角和后轮前束等定位参数。如果能对汽车四轮定位参数进行检测,不仅能确定所有车轮定位正确与否,还能确定前轴、后轴、悬架、车架等的技术状况,为底盘不解体诊断提供可靠依据。所以四轮定位仪使用越来越广泛。

四轮定位仪是专门用来测量车轮定位参数的设备。四轮定位仪可检测的项目包括:前轮前束、前轮外倾角、主销后倾角、主销内倾角、后轮前束、后轮外倾角、轮距、轴距、推力角和左右轴距差等。

目前使用的四轮定位仪有光学式和电脑式,它们的测量原理基本是一致的,但不同类型的四轮定位仪的使用方法有一定的差异,因此应严格按使用说明书的要求和方法进行操作。

下面以电脑式四轮定位仪为例,说明四轮定位仪的使用方法。

电脑式四轮定位仪由主机、显示器、打印机、前后车轮检测传感器、传感器支架、转盘、刹车锁、转向盘锁及导线等零件构成。配有专用软件和数据光盘,可读取近10年来世界各地汽车四轮定位参数,且可更新。还配有数码视频图像数据库,显示检查和调整位置等。

为便于检测和调整,被检汽车需放在地沟上或举升平台上,地沟或举升平台应处于水平状态,四轮定位仪则安装在地沟两旁或举升平台上,图2.25是四轮定位仪安装在举升平台上的情况。

1)检测前的准备

①把汽车开上举升平台,托住车轮,把汽车举升0.5 m(第一次举升)。

②托住车身,把汽车举升至车轮能自由转动(第二次举升)。

③拆下各车轮,检查轮胎磨损情况,要求各轮胎磨损基本一致。

④检查轮胎气压,使其符合标准值。

⑤做车轮动平衡试验,动平衡完成后,将车轮装回车上。

⑥检查车身高度,检查车身四个角的高度和减振器技术状况,如车身不平应先调平,同时检查转向系统和悬架是否松旷,如松旷则应先紧固或更换零件。

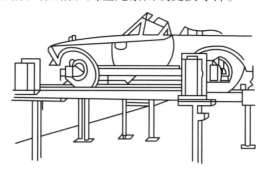

图2.25 四轮定位仪安装在举升平台上

2)检测步骤

①把传感器支架安装在轮辋上,再把传感器(定位校正头)安装到支架上,并按使用说明书的规定调整。

②开电脑主机进入测试程序,输入被测汽车的车型和生产年份。

③进行轮辋变形补偿,转向盘位于直线行驶位置,使每个车轮旋转一周,即可把轮辋变形误差输入电脑。

④降下第二次举升量,使车轮落到平台上,把汽车前部和后部向下压动4~5次,使各部位落到实处。

⑤用刹车锁压下制动踏板,使汽车处于制动状态。

⑥将转向盘左转至电脑显示"OK",输入左转角度数;然后将转向盘右转至电脑显示"OK",输入右转角度数。

⑦将转向盘回正,电脑显示出后轮的前束及外倾角数值。

⑧调下转向盘,并用转向盘锁锁住转向盘,使之不能转动。

⑨将安装在4个车轮上的定位校正头的水平仪调到水平线上,此时电脑显示出转向轮的主销后倾角、主销内倾角、转向轮外倾角和前束的数值。电脑将比较各测量数值,得出"无偏差""在允许范围内"或"超出允许范围"的结论。

⑩若"超出允许范围",按电脑提示的调整方法进行针对性调整。调整后仍不能解决问题,则应更换有关零部件。

⑪再次压试汽车,将转向轮左右转动,观察屏幕上数值有无变化,若有变化应重新调整。

⑫拆下定位校正头和支架进行路试,检查四轮定位调整的效果。

(4)转向盘自由行程和转向阻力的检测

转向盘自由行程是指汽车转向轮保持直线行驶位置静止不动时,转动转向盘所测得的游动角度。转向盘的转向力,是指在一定行驶条件下,作用在转向盘外缘的圆周力。这两个参数主要用来诊断转向系统中各零件的配合状况。该配合状况直接影响到汽车的操纵稳定性和行车安全。因此,对于新车和在用车都必须对其进行该两项参数的检测。

1)转向盘自由行程的检测

转向盘自由行程采用专用检测仪进行检测。简易的转向盘自由行程检测仪如图 2.26 所示,主要由刻度盘和指针组成。刻度和指针分别固定在转向盘轴管和转向盘边缘上。固定方式有机械式和磁力式两种。

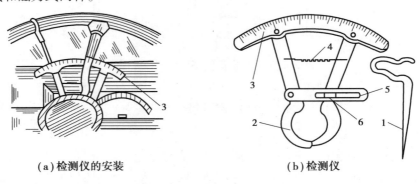

(a)检测仪的安装　　　　(b)检测仪

图 2.26　简易的转向盘自由行程检测仪

1—指针;2—夹盘;3—刻度盘;4—弹簧;5—连接板;6—固定螺钉

测量时,应使汽车的两转向轮处于直线行驶位置不动,轻轻向左(或向右)转动转向盘至空行程一侧的极端位置(感到有阻力),调整指针指向刻度盘零度。然后,再轻轻转动转向盘至另一侧空行程极端位置,指针所示刻度即为转向盘的自由行程。

2)转向盘转向阻力的检测

转向盘转向阻力采用转向参数测量仪或转向力角仪进行检测。国产 ZC-2 型转向参数测量仪如图 2.27 所示,是以微机为核心的智能仪器,可测得转向盘自由转向量和转向力。该仪器由操纵盘、主机箱、连接叉和定位杆四部分组成。操纵盘由螺钉固定在三爪底板上,底板经力矩传感器与三个连接叉相连,每个连接叉上都有一只可伸缩长度的活动卡爪,以便与被测转向盘相连接。主机箱为圆形结构,固定在底板中央,其内装有口板、微机板、转角编码器、打印机、力矩传感器和电池等。定位杆从底板下伸出,经磁力座吸附在驾驶室内的仪表盘上。定位杆的内端连接有光电装置,光电装置装在主机箱内的下部。

测量时,把转向参数测量仪对准被测转向盘中心,调整好三个连接叉上伸缩卡爪的长度,与转向盘连接并固定好。转动操纵盘,转向力通过底板、力矩传感器、连接叉传递到被测转向盘上,使转向盘转动以实现汽车转向。此时,力矩传感器将转向力矩转变成电信号,而定位杆内端连接的光电装置则将转角的变化转变成电信号。这两种电信号由微机自动完成数据采集、转角编码、运算、分析、存储、显示和打印。因此,使用该测量仪既可测得转向盘的转向力,

72

又可测得转向盘的自由转动量。

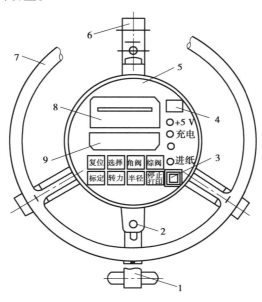

图 2.27　ZC-2 型转向参数测量仪

1—定位杆;2—固定螺钉;3—电源开关;4—电压表;5—主机箱;

6—连接叉;7—操纵盘;8—打印机;9—显示器

转向力角仪与转向参数测量仪结构类似,一般都是具有检测转向盘转向力和转向角的功能,所以也完全可以用来检测转向盘的自由转动量。

项目 **3** 车架与车桥系统

任务 1　车　架

3.1.1　车架的功用和类型

(1)车架的功用

汽车车架俗称大梁,它是跨接在前后车桥上的桥梁式结构,一般由两根纵梁和几根横梁组成,经由悬挂装置、前桥、后桥支承在车轮上,是整个汽车的基础。其上装有发动机、变速器、传动轴、前后桥和车身等总成和部件。

车架的功用:一是支承、连接汽车各零部件和总成,并使它们之间保持正确的相对位置;二是承受来自车上和地面的各种静、动载荷。

(2)车架的类型及结构

车架目前根据结构形式不同分为周边式车架、脊梁式车架、梯形车架及桁架式车架。

1)周边式车架

车架中部加宽,不设横梁,其主要件常用封闭形断面,如图 3.1 所示。特点:地板高度低、乘客舱面积大、结构简单、易于制造,常用于大型轿车。

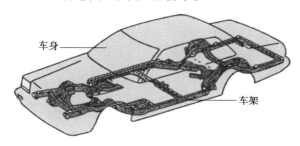

图 3.1　周边式车架

2)脊梁式车架

脊梁式车架只有一根位于中央且贯穿汽车前后的纵梁,纵梁断面形状可以是圆管形或箱形,如图 3.2 所示。特点:车架质量小、强度与刚度较大。同时车架的制造精度要求高,保养维修困难,常用于货车。

图 3.2　脊梁式车架

3)梯形车架

梯形车架由两根纵梁和若干横梁组成。纵梁断面形状有槽形、Z 形或箱形等,纵梁在水平面内或纵向平面内可以做成弯曲的,如图 3.3 所示。特点:抗弯强度大,零件安装坚固、方便等,常用于商用货车及部分客车。

4)桁架式车架

桁架式车架由钢管组合焊接而成,如图 3.4 所示。特点:刚度大、质量小,但是制造困难,主要用于赛车。

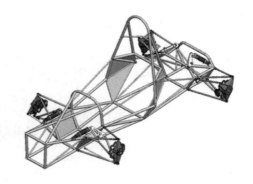

图3.3　梯形车架　　　　　　　　　　　图3.4　桁架式车架

（3）车架常见的损伤及其原因

①汽车行驶在不平路面上，引起的车架垂直冲击载荷，超过车架的许用应力。另外，在汽车上下坡、转弯或装载不均时，也会引起车架局部过载而导致车架断裂。

②车架设计或附属装置造成局部转矩而使车架断裂。如有的车架纵梁前部横截面较小，同时因发动机和变速器的影响，故横梁分布较少，从而使车架的刚度变差，若在动载作用下，可能导致纵梁前部断裂，常见在纵梁下翼断裂。另外，车架还受垂直于纵梁的悬臂载荷（如油箱、悬架和备胎等）所产生的局部扭曲，也是造成车架断裂的原因。

③汽车行驶时，前轮一侧受到很大阻力，使车架易发生对角线的平面变形。

④汽车发生撞击事故，严重的撞击会造成车架变形，如板面的凹陷、板件的撕裂、焊接件的开焊损坏。

⑤汽车振动造成的损伤，化学作用造成的腐蚀，表面划伤、保护漆层破坏等。

⑥不正确使用造成的损伤，如汽车高速转弯时，车架侧向弯曲变形；在条件恶劣路面快速行驶或超负荷使用，特别是斜向过沟时，车架有较大的扭曲变形及局部受力而产生局部变形。

⑦结构设计问题。构件结构不合理，构件结构强度不够，构件连接强度不够。

车架变形是指车架改变了原来的几何形状，并使在车架上安装的各总成零件相对位置发生变化，导致车辆的技术状况变坏，汽车不能正常行驶。车架变形常因作用于车架的力超过其弹性极限，当作用于车架的力消除后，车架不能恢复原状，形成了残余变形。

3.1.2　车架的检修

（1）车架的检测

车架弯扭变形严重时，目测即可判明。必要时，用测量仪器测量对角线长度、钢板销孔同

轴度、纵横梁表面平面度、顶平面与侧平面垂直度等参数,以确定损伤的部位及程度。常用的车架检测方法如下:

①测量弹簧钢板销孔中心距及其对角线,沿车架纵面测量钢板支架锁孔中心前后、左右的距离:左右相差不超过 1～2 mm,对角线差不应超过 4 mm。

②检查车架纵梁的平直度和垂直度,平面最大弯曲不应超过 4 mm;用角尺检查垂直度,其下沿最大缝隙不应超过 0.5 mm。用与钢板销等直径的两根长轴,分别从左右钢板支架孔插入,对接时,测量中心偏差,不应超过 1 mm。

③对于无弹簧钢板的前、后桥,测量时应选用前、后桥定位孔。对于形状复杂的车架,为了安装发动机、驾驶室(车身)、散热器方便,以免车架变形,可按不同车型图纸标准制作铁皮样板,按发动机座孔位置来比较车架变形情况。

④发动机座孔对角线长度误差不得超过 3 mm。

(2)车架的修理

车辆维修中,应按车架的技术规范要求进行检验,超过规定数值的部位应校正;变形过大不能校正的部位应更换新件,以保证各部件之间有正确的相对位置。

1)车架变形的修理

车架变形后,视其情况采用冷校正和热校。当纵梁或横梁局部产生不大的弯曲时,可在不拆卸的情况下,用压力机或千斤顶冷压校直;对弯曲量较大或用冷校法不易校正的硬伤可用火焰校正法;当车架有严重弯扭变形时,应分解后经冷压或热压校正,再重新铆合。

2)车架裂纹的焊接与帮补

一般用于车架受力较小的部位或其纵、横梁翼面上裂纹长度不超过翼面宽度 2/3 的情况。裂纹较长而且出现在重要受力部位,焊接后还应进行帮补,以增加其强度。首先用砂布打磨裂纹周围,使露出金属光泽;在裂纹延伸方向末端钻止裂孔、开 V 形坡口,然后从裂纹中部向两端焊接;帮补是在裂纹焊妥之后,用加强板焊铆,以增加其强度。

3)裂纹挖补修理

将纵、横梁裂纹部分挖去,用对接焊的形式焊补一块材质及厚度与原车架相同的嵌接钢板。此法焊缝呈椭圆形,无转折点,焊缝较长,因而焊接强度较高,焊接应力小,只要挖补焊接工艺正确,严格遵守操作规程,一般不会出现裂纹或断裂。

4)车架铆接缺陷检修

车架铆接件的接合面必须贴紧,铆钉应充满钉孔;铆钉头不得有裂纹、歪斜、残缺;所有铆钉不得以螺栓代替。车架的铆接缺陷,一般都可用肉眼观察检查其松动与否及铆钉头边缘有无磨损痕迹。对于需要更换的旧铆钉,应使用稍小于铆钉直径的钻头钻去旧铆钉,或用氧炔焰烧掉,切忌用錾子、铲子铲除,以防损伤铆钉孔。铆接时,铆钉必须校正位置(先用螺栓紧固,铆接一个拆掉一个螺栓);铆钉加热后用铆枪进行铆接;铆钉头不裂不歪,无明显缺陷,铆接件接合面紧密贴合。

5)车架铆钉的铆合

车架校正后,应对车架上的铆钉进行检查,以防在校正时铆钉松动。用带凹端头的千斤顶铆合铆钉。

任务 3.2 车 桥

车桥位于悬架与车轮之间,其两端安装车轮,通过悬架与车架(或车身)相连,其功用是传递车架(或车身)与车轮之间各种载荷的作用,如图 3.5 所示。车桥的作用是承受汽车的载荷,维持汽车在道路上的正常行驶。

注:在车架与车轮之间传递力与力矩的是悬架,而不是车桥。

图 3.5 车桥

3.2.1 车桥的类型

(1)按悬架结构分类

根据悬架结构的不同,车桥分为整体式和断开式两种,如图 3.6 所示。

1)整体式车桥

当采用非独立悬架时,车桥的中部是实心或空心的中心梁,这种车桥即为整体式车桥,如图 3.6 所示。

2)断开式车桥

断开式车桥为活动关节式结构,与独立悬架配合使用,如图 3.7 所示。

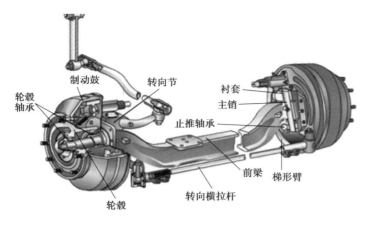

图 3.6　整体式车桥

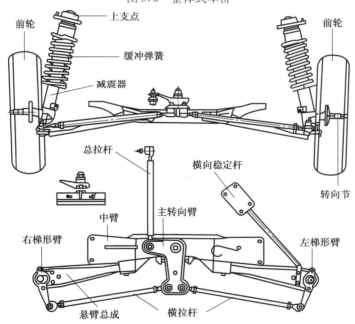

图 3.7　断开式车桥

（2）按驱动方式分类

根据驱动方式的不同,车桥也分成转向桥、驱动桥、转向驱动桥和支持桥四种。

①转向桥是指承担转向任务的车桥,一般的汽车都是前桥承担转向任务,四轮转向汽车的前后桥,都是转向桥。

②驱动桥是指将来自变速器的转速和转矩传递给驱动轮的机构。

③转向驱动桥是指既承担转向任务,又承担传递动力给驱动轮的机构。

④支持桥是指既不承担转向任务,又不承担传递动力给驱动轮的机构。

3.2.2 车桥的功用和结构

(1) 转向桥的作用和结构

转向桥通常位于汽车前部,也常称为前桥。转向桥将车架传来的推动力传给前轮,并通过转向节使车轮可以偏转一定角度以实现汽车的转向,既承受垂直载荷,又承受纵向力和侧向力以及这些力造成的力矩,如图 3.8 所示。

由于汽车行驶的道路条件较为复杂,要求转向桥应该具有足够的强度和刚度。车轮转向过程中内部部件之间摩擦力应该尽可能小,并且保证汽车转向轻便和方向的稳定性。为了使转向轻便和行驶稳定,减轻轮胎磨损,应使转向轮有正确的定位角与合适的转向角,尽量减小转向桥的质量和转向传动件的摩擦阻力。

汽车的转向桥结构大致相同,主要由前轴、转向节和主销等部分组成。转向桥可与独立悬架匹配,也可与非独立悬架匹配。

图 3.8 转向桥

(2) 驱动桥的作用和结构

驱动桥的作用是将由万向传动装置传来的发动机转矩传给驱动车轮,并经降速增矩,改变动力传动方向,使汽车行驶,而且允许左右驱动车轮以不同的转速旋转。具体来说,主减速器的功用为降速增矩,改变动力传动方向;差速器的功用是允许左右驱动车轮以不同的转速旋转;半轴的功用是将动力由差速器传给驱动车轮,如图 3.9 所示。

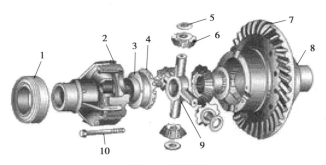

图 3.9　驱动桥

1—轴承;2—左外壳;3—垫片;4—半轴齿轮;5—垫圈;6—行星齿轮;

7—从动齿轮;8—右外壳;9—十字轴;10—螺栓

（3）转向驱动桥的作用和结构

转向驱动桥与转向桥的区别在于增加了驱动部分,在结构上既要有一般驱动桥所具有的主减速器、差速器和半轴,也有转向桥所具有的转向节和主销等,一般越野汽车的前桥,除作为转向桥外,还兼驱动桥的作用,称为转向驱动桥。

转向驱动桥和一般驱动桥一样,有主减速器和差速器。但由于在转向时转向车轮需要绕主销偏转过一个角度,半轴被分为内外两段（内半轴和外半轴）,用万向节连接起来。同时主销也做成上下两段。转向节轴颈部分做成中空的,以便外半轴穿过其中,如图3.10所示。

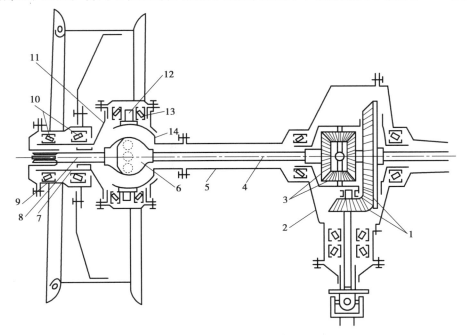

图 3.10　转向驱动桥

1—主减速器;2—主减速器壳体;3—差速器;4—内半轴;5—半轴套管;6—万向节;7—转向节轴;

8—外半轴;9—轮毂;10—轮毂轴承;11—转向节壳体;12—注销;13—注销轴承;14—球形支座

横梁变成了桥壳,转向节变成了转向节壳体 11,里面必须有根驱动轴,驱动轴因被位于桥壳中间的差速器 3 一分为二,而变成了两根半轴,即为内半轴 4 和外半轴 8,二者用等角速万向节 6 连接起来。于是,主销 12 也被分成上下两段,分别将固定在万向节的球形支座上的转向节制成空心的,以便外半轴 8 从中穿过。转向节由转向节外壳 11 和转向节轴 7 组合而成。等角速万向节的内外端有止推垫片,防止轴向窜动,以保证主销轴线通过中心,防止运动干涉。转向节壳体与上下盖之间有调整垫片,用来调整主销轴承的预紧度和保证两半轴的轴线重合。

(4)支持桥的作用和结构

支持桥既无转向功能又无驱动功能,只承受垂直载荷,并承受纵向力和侧向力以及这些力造成的力矩。有些单桥驱动的三轴汽车,往往将后桥设计成支持桥(挂车上的车桥也是支持桥),发动机前置前驱动汽车的后桥也属于支持桥。

前置前驱动汽车的后桥为典型的支持桥。主要由后桥焊接总成、橡胶-金属支承座、后车轮总成等元件组成。后桥焊接总成的前端通过橡胶-金属支承座与车身铰接,纵臂与后桥焊接总成焊接在一起,其后端与后轮轮毂及减振器相连。汽车行驶时,后轮和后桥焊接总成以橡胶金属支承座为支点相对车身转动。

如图 3.11 所示为桑塔纳 2000 型汽车的后桥就是典型的支持桥。

后桥横梁

图 3.11 桑塔纳 2000 型汽车后桥

桑塔纳 2000 型汽车的后桥为非驱动的刚性轴,后悬架为螺旋弹簧非独立悬架。后桥横梁由一根厚 6 mm 的 V 形冲压横梁和两根圆柱管状 60 mm × 4 mm 的悬架臂及内加强筋和外加强复合板焊接组成的,并通过安装在悬架臂前的橡胶金属支承,由支承座、后减震器支承杆座和车身相连接。后桥轮毂内侧轴承,压在轮毂短轴上,带有密封圈,防止润滑脂漏出。外侧轴承由自锁螺母锁紧,轮毂短轴法兰用 4 根螺栓固定在悬架臂总成上的轴端支承面上,轮毂和车轮由轮胎螺钉紧固在一起。后桥体不仅承受汽车的质量,而且当两侧车轮上的悬架弹簧形变不同时,后桥体的横梁发生扭转,还起到横向稳定作用,改善汽车行驶的平顺性。

3.2.3　车桥的检修

汽车车桥有驱动桥、转向桥、转向驱动桥和支持桥 4 种形式,在长期的运行中转向桥因承受路面传来的各种力和力矩以及冲击载荷,转向桥的各零件会发生磨损、变形、裂纹,造成车轮定位参数的改变等,这些都会影响汽车的正常运行,使汽车在行驶中发生不同程度的转向沉重、方向不稳、行驶跑偏、前轮摇摆等故障,增加了驾驶员的劳动强度,甚至影响到行驶的安全。

但转向驱动桥既关系到汽车行驶稳定性和安全性,又关系到汽车驱动,下面重点介绍转向驱动桥主要部件的检修。

(1)等速万向节的检查

首先检查轴、毂、保持架、滚道及钢球是否有麻坑及发卡现象。如果万向节内的游隙过大,换挡时能感到撞击作用,则必须更换万向节。如果钢球的表面只有磨光点及正常运转的痕迹,则不必更换万向节。

对于外等速万向节,外等速万向节壳体与万向节轴的夹角要符合要求,并能灵活转动。对于内等速万向节,内等速万向节壳体与万向节轴的夹角也要符合要求,应能灵活转动,并有一定的相对位移。此外,还应检查万向节防护罩是否有撕裂及擦伤的痕迹。

(2)万向节轴的检查

对于万向节轴主要检查其是否有损坏、裂纹和变形。变形通过直线度的检查进行确定,其方法如图 3.12 所示,将万向节轴 1 放在 V 形铁 2 上,用百分表 3 检查万向节轴的直线度。

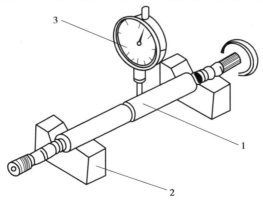

图 3.12　万向节轴直线度的检查

1—万向节轴;2—V 形铁;3—百分表

83

（3）前轮毂与转向节的检查

①检查转向节、前轮毂有无变形和裂纹，若有应及时维修或更换。

②轮毂轴承的检查：检查内圆锥滚子轴承有无磨损，若滚道或柱上有烧烛、磨痕均应更换。若在内圈和外圈的滚道上发现麻坑或烧蚀，以及钢球上有严重的损伤或磨痕，轴承必须整体更换，并在轴承内涂好润滑脂。

③轴承油封的检查：还应检查油封的磨损、损坏与老化情况，大修时应更换油封。

④转向节短轴的垂直度检查：用直角尺和游标卡尺进行检查。一边转动短轴，一边测量短轴沿圆周方向与直角尺距离的差距，最大与最小值之差应不大于 0.25 mm，否则应更换短轴。注意短轴不允许矫正，如有损伤、裂纹也不允许焊接修复，必须更换。

（4）后桥体的检查

用直尺检查后桥体横梁的变形，若有明显变形和开焊，不允许焊接和矫正，必须更换。检查后桥体橡胶支承的损坏与老化，大修时应更换橡胶支承。

（5）车桥移位驾驶跑偏

车辆使用中，驾驶员感到汽车容易自动偏向一侧，必须用劲把住转向盘，并打过一定角度，才能保持车辆正直行驶，因此长途行车容易引起驾驶疲劳，这实质上是汽车车桥移位，即汽车两侧轴距不等所致。

车桥移位严重时，遇到状况紧急制动，往往因为制动力分布不均使汽车严重跑偏甚至调头，特别是会车时，容易发生相撞或刮擦而导致事故。遇到这种状况应立即到修理站检修，以免跑偏引发多种危险状况，其后果不容忽视。

车桥移位的关键原因是使用中钢板弹簧的凹槽片间，污泥浸入积存较多，锈蚀或磨损严重。泥污、锈蚀阻滞着弹簧总成在受力后的复原（即弧高度小），使钢板吊耳及销套磨损松旷。

车桥移位的处理方法：

①检测前轮上下轮胎气压是不是一样；汽车驾驶一段路程后，用手抚摸制动鼓是不是感到烫手（温度太高）；检测钢板弹簧的弹性和拱度；检测前轴和车架是不是弯曲变形，前轮定位是不是失准。

②检测前、后桥的平行度是通过前、后桥两端的轴心距离来测量的。前、后桥两端的轴心距离值不应大于 5 mm。

③在汽车的修理中，要进行钢板弹簧的除锈、清洁，在弹簧片间涂抹三号石墨钙基润滑脂

后,再装复总成,全部性能应符合技术要求。检测钢板吊耳及其定位销套的磨损状况,超过极限范围,应予修复。立刻更换断损的钢板弹簧及中心螺栓,将车桥移至正常的位置后予以紧固。

任务 3.3　车桥车身常见故障的诊断与维修

3.3.1　前桥常见故障的诊断与维修

前桥承受来自地面的垂直方向反力、水平方向制动力、惯性力、行驶阻力和制动时引起的转矩等。汽车前桥长期承受这些交变冲击载荷,可能发生以下故障。

(1)前桥疲劳损伤、裂纹或断裂故障

①故障现象:发现前桥疲劳损伤、有裂纹或断裂。

②故障维修:应及时更换新件。

(2)前桥在垂直方向产生弯曲变形故障

①故障现象:发现前桥在垂直方向弯曲变形。

②故障原因:前桥在垂直方向承受来自地面的反力很大,易产生弯曲变形,会改变主销内倾角、车轮外倾角,会使柴油车转向沉重,轮毂轴承负荷增大,降低使用寿命。

③故障维修:应及时校正前横梁。

(3)前桥在水平方向产生弯曲变形故障

①故障现象:发现前桥在水平方向弯曲变形。

②故障原因:前桥在水平方向承受来自地面的制动力易产生弯曲变形,会改变前轮前束,会增大轮胎磨损。

③故障维修:应及时校正前横梁。

(4)前桥产生扭转变形故障

①故障现象:发现前桥产生扭转变形。

②故障原因:前桥产生扭转变形会改变主销后倾角,影响前轮行驶稳定性。

③故障维修：视情更换前横梁或进行校正修理。

（5）前桥轴头发热故障

①故障现象：行驶中发现前桥轴头发热。

②故障原因：轴头发热一般发生在修理保养之后，往往是在装配轮毂时，轴承预压过紧使轴承配合过紧所致。轮毂轴承损坏或点蚀不仅会发热而且会有噪声。轮毂轴承缺油也会造成轴头发热的故障。

③故障维修：检查轴承配合松紧程度和轮毂轴承是否缺油。

（6）前桥制动鼓发热故障

①故障现象：行驶中发现前桥制动鼓发热。

②故障原因：制动气室膜片不回位或回位太缓慢；制动蹄回位弹簧断裂或弹力不足。

③故障维修：制动蹄片与制动鼓没有间隙，显然也会造成制动鼓发热。此时除检查调整间隙外，还应检查气室膜片不回位的问题，制动气室膜片不回位除检查气路故障外应检查制动凸轮轴是否卡滞。值得指出的是：斯太尔汽车制动鼓与轮胎钢圈之间的间隙较小，而且国产制动鼓的制造精度较低，制动鼓外圈上导风槽较浅，散热效果较差。因此在长距离下坡行驶时，应使用发动机排气制动减速而尽量少使用行车制动，以避免制动鼓过热。

（7）主销衬套、主销、止推轴承磨损故障

①故障现象：方向沉重，操纵不稳。

②故障原因：主销衬套、主销和止推轴承磨损、松旷，会影响前轮定位，降低操纵稳定性。

③故障维修：应更换磨损件并重新进行前轮定位。

（8）轻踩制动时前轮发摆故障

①故障现象：部分斯太尔汽车在全负荷制动时，前桥工作正常，往往在轻踩制动时前轮发摆。

②故障原因：主要是制动鼓圆度误差超值所致，当两前轮在部分负荷制动时，由于制动力小，两前轮产生制动效果不同步，时而左刹、时而右刹而造成前轮摆动。轮胎钢圈变形有时也会产生这种故障。

③故障维修：应将制动鼓拆卸检查并进行光削修理。

（9）转向沉重故障

①故障原因:前桥转向系统机械部分发生故障;转向液压动力系统发生故障。

②故障维修:机械部分造成的转向沉重主要原因是转向节主销缺油。长期不保养、不向转向节主销内加注润滑脂,造成主销与衬套干摩擦,不仅增加转向阻力,使转向沉重,而且严重时甚至会造成主销与衬套烧结。因此,要求在保养中应向转向节主销中加润滑脂,一般先将前桥工字梁顶起,用黄油枪向安装在凸轮轴座上的黄油嘴注油,直到工字梁与销孔上、下平面挤出油为止。

（10）前制动鼓甩油故障

①故障现象:行驶中发现前制动鼓甩油。

②故障原因:前制动鼓向外甩油显然是轮毂油封损坏所致。轮毂油封漏油不仅造成甩油,而且会使前刹车失灵。

③故障维修:更换新油封。

（11）前轮胎磨损不正常故障

①故障现象:行驶中发现前轮胎磨损不正常。

②故障原因:前轮胎磨损不正常的因素较为复杂,前束值不对显然会磨损前轮胎,钢圈变形、轴头松旷、工字梁变形、主销间隙过大等都会造成磨损前轮胎的故障。

③故障维修:排除此故障是一项复杂的工作,既要考虑到前轮定位各项参数的变化,又要考虑其他方面因素的影响。

（12）前轮制动跑偏故障

①故障现象:行驶中发现前轮制动跑偏。

②故障原因:左、右制动蹄片间隙不同,是由投入制动的时间不同步而造成的;左、右制动蹄片与制动鼓接触面积不同或由于油污造成接触摩擦力矩的差异,从而产生不同的制动力矩导致制动跑偏。

③故障维修:当汽车制动跑偏,通过调整制动蹄片间隙不能排除故障时,应拆卸制动鼓进行检查和光磨。

（13）制动不灵故障

①故障现象：行驶中发现制动不灵。

②故障原因：制动不灵除制动控制系统的原因外，就是制动鼓与制动蹄片的问题。在实际维修中，往往用制动鼓与制动蹄片接触面积来检查制动效果，一般要求制动蹄片与制动鼓接触面积应在 70% 以上。实践经验告诉我们，制动蹄片两端啮合要比中间啮合效果好得多。

③故障维修：在光磨蹄片时，其直径应略大于鼓的直径，以保证制动蹄片啮合两端，以便获得最佳的制动效果。

（14）前桥的使用与维护

前桥在使用中应注意不要超负载运行，以免过载而损坏。

前桥应按规定的行驶里程进行检查与保养。保养时应拆卸轮毂检查轮毂轴承和加润滑脂；同时应检查转向节主销与衬套的配合，如发现烧蚀或间隙过大，则应解体修理或更换。在对转向节主销衬套进行铰削时，一定要注意同轴度。

轮毂轴承与主销衬套加注润滑脂牌号：夏季为 3 号锂基脂，冬季为 2 号锂基脂。

3.3.2　车身维修工艺

汽车车身及其表面的损伤，可根据损伤部位钣金结构的不同性质，分别采用平、收缩、开褶、撑拉、垫撬、焊接、铆接等方法加以修复。因时效作用或机械损伤而导致的涂膜胀裂、脱裂、起层等现象，或汽车钣金作业后，要对相应的零部件、车身表面进行涂装作业，使其恢复原车的本来面貌。这项作业包括涂装前对零部件的表面处理和对汽车零部件的涂装。

（1）车身维修的常用工具与材料

车身维修中常用的工具有手动工具和电动工具两大类，如图 3.13 和图 3.14 所示。车身维修所需材料有黏结剂、密封材料及化学材料。

常见的手动工具如下：

①球头锤。钣金作业的多用途工具，用于校正弯曲结构，一般用于作业初成型车身部件。

②橡皮锤。用于柔和地敲击薄钢板，不会损坏油漆表面。

③铁锤。铁锤是复原损坏的钣金件所必需的工具，用来敲打损坏的金属板使其大致回到原形，在更换金属板时则用于清理损坏的金属板。

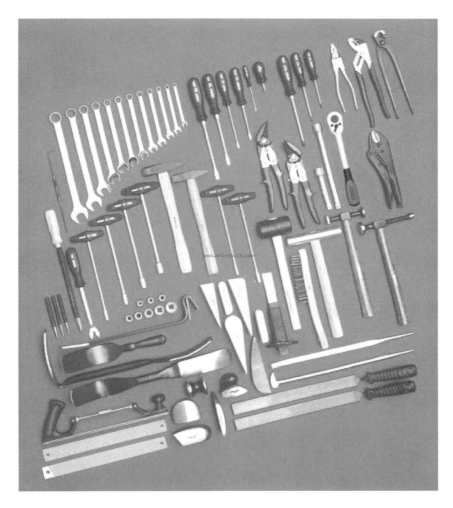

图 3.13　车身维修常用手动工具

④镐锤。维修小的凹陷,其尖端用于将凹陷从内部锤出,对中心部位柔和地轻打即可,其平端头与顶铁配合作业,用于去除凸点和波纹。

⑤冲击锤。维修大的凹陷时,冲击锤用于凹陷板面初始的校正,或加工内部板和加强相关部位。这种情况需要较大的力量,而不要求光洁的表面。

⑥精修锤。用冲击锤修复凹陷之后,需要用精修锤进行精细修整,以得到最后的外形。

⑦顶铁。通常顶在被锤敲击的金属板的背面,用锤和顶铁一起作业使凸起的部位下降,使低凹部位上升。

⑧楔形铁。具有多种形状和尺寸,可与不同的面板形状匹配使用。

⑨撬镐。用于进入有限的空间,撬起凹点,具有不同的长度和形状。

图 3.14　电动工具

（2）车身维修的安全注意事项

①车辆应固定在车辆举升机上，防止汽车重心变化给拆装带来影响。

②需在蓄电池附近进行焊接工作时，车上的蓄电池必须拆除，以防蓄电池损坏。

③不得在进行车身维修的汽车附近停放其他汽车，以防飞溅的火花对其他汽车的喷漆、玻璃池等造成破坏。

④在油箱附近进行喷砂和焊接工作时，应事先拆除油箱，然后再进行作业。

⑤有空调装置的汽车，对其空调部件不能进行熔焊、铜焊和锡焊等使空调部件受热的作业。

⑥直接将电焊设备的地线接到待焊的部件上，且应保证地线与焊点之间无绝缘部件。

⑦不能使地线接头或焊条接触电子控制元件或电路。

（3）车身的检查内容

车身检查是车身维修的前提。在轿车的检查中，除对门锁性能、车身表面蒙皮损伤状况、车身连接部位松旷等必须进行检查外，还应进行下面各项检查。

1）发动机舱盖和舱盖拉索检查

合上发动机舱盖时，检查舱盖是否完全锁牢，检查舱盖与左右前翼子板的间隙，注意高度上是否有较大的误差；打开发动机能盖时，检查舱盖拉索是否能平稳地解脱，舱盖拉索钢绳状况是否正常，舱盖铰链是否留有自由行程，舱盖支撑杆是否能将舱盖可靠地撑起。

2）车门检查

检查车门开启时对其他部件是否有刮碰,车门能否顺滑地运动;关闭时车门应能可靠地锁紧,门与门框的间隙应无较大的误差。另外,门铰链润滑状况应良好,升降玻璃应无异响,不卡滞,无过重现象。

3）后行李箱盖检查

检查开闭动作是否顺滑,锁紧机构是否正常,铰链是否松旷,在关闭时后行李箱盖与后翼子板的间隙应无较大的误差。

（4）车身损伤的修理方法

1）检查受损部位,制定修理计划

如图 3.15（a）中,白色印痕为碰撞的直接损伤处。碰撞中,直接损伤通常只占一小部分,却要花费较长时间修理。图 3.15（b）中白线标注的是钣金件受拉伸铰折而产生的筋,要用锤击法来整平这些筋。图 3.15（c）中以直接损伤处为中心,向四周推进 80 mm 的距离,得到 240 mm×160 mm 的虚线框。图 3.15（d）中箭头指示区域为碰撞损伤区域总和,即修复工作区。

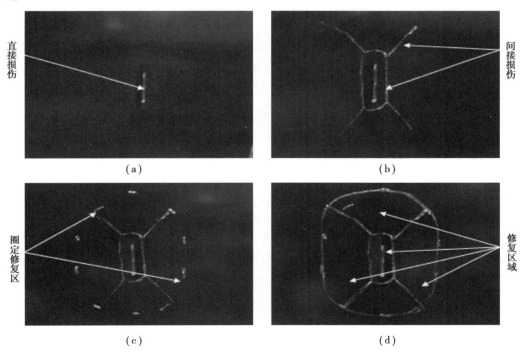

图 3.15　确定门板修复工作区域

2）清除修复区域油漆涂层

穿戴好安全防护用品,选用气动盘式打磨机,装配80号砂纸,调节磨机转速,压缩空气压力保持在0.6 MPa左右。沿图3.15(d)中所示实线外轮廓打磨修复区及搭铁区。

注意:使用盘式打磨机时,机身应与油漆涂层表面保持15°~20°的夹角;气动打磨机转速较高,一定要握紧打磨机,以免脱手造成伤害。

3）释放门板内应力

连接外形修复机、焊枪,调节好电流和时间,焊枪按照图3.16所指示的顺序和位置将焊片焊接到修复区,用滑锤轻微的撞击力向外拉伸,释放钢板因碰撞产生的内应力。焊点间隔1.5~2 cm,两列焊点由外向内交错进行。

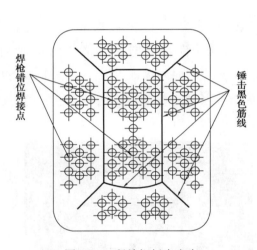

图3.16 释放钢板内应力

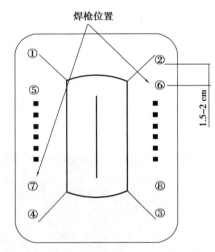

图3.17 初步整平筋线

焊枪错位焊接到图3.17所示的位置,由四周向中间交替初步整平拉伸区。焊枪拉紧门板,用镐锤扁平面锤击图3.17中黑色筋线位置。每次敲击点的间距为9~12 mm,敲击力度由轻到重。

4）初步整平直接损伤区

在初步整平拉伸区之后,用钣金锤辅以衬铁对图3.18所示虚线部分即直接损伤区域进行修复。将衬铁从门板内侧抵住凹陷处,用钣金锤从正面敲击虚线四周的高处,即用铁锤不在垫铁上敲击法初步整平直接损伤区。

5）进一步整平直接损伤区

先将上一步操作留下的焊疤清洁干净,由于整平直接损伤的过程中力度较大,伴随产生了诸多凸起,严重影响了门板的平整度,因此要利用热处理的方式对其进行收火整平。

在对门板进行加热的同时需要注意两个问题,第一,加热头和门板接触的位置。如图

3.19所示,在凸起部位的两侧交替加热。用压缩空气对加热点进行冷却时,金属收缩,达到整个板面的平整。第二,加热时间的控制。当钢板加热到 600 ℃时会出现暗红色,若此时进行冷却,被加热区域会产生硬化,降低其原有强度。因此加热时间不能过长,当加热区开始变黑即可用压缩空气进行冷却。

重复此步骤,逐个修复凸起,最后清洁修复区域。

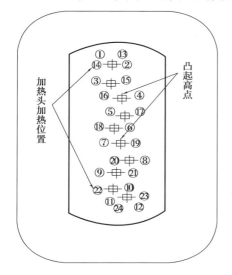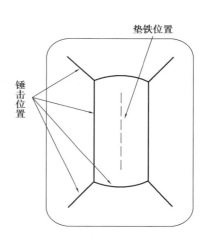

图 3.18　铁锤不在垫铁上敲击法　　　　　　　图 3.19　板件的热收缩处理

6)精修

用整形机辅以直尺对残余的小的凹陷和凸起进行精修。精修小的凹陷时,滑锤拉的力度要轻,从外向内把凹陷面拉高;精修小凸起时,可用焊枪拉住低面,用镐锤小头轻轻敲击凸起,直到平整。用直尺测量修复区的平整度,间隙在 1 mm 以内为合格。

最后打磨、清洁,关闭整形机电源,整理工位,整个门板整形工艺流程到此结束。

项目 4

汽车安全系统

任务4.1 安全气囊系统检查

汽车上的安全系统可分为主动安全系统和被动安全系统,如制动系统属于主动安全系统,而安全气囊系统和安全带则属于被动安全系统。安全气囊系统又称为辅助约束系统(Supplemental Restraint System,SRS)。

4.1.1 安全气囊系统的作用

当汽车发生碰撞时,汽车与汽车或汽车与障碍物之间的碰撞称为一次碰撞(图4.1)。当一次碰撞后,汽车的速度将急剧变化,驾驶员和乘员就会受到惯性力的作用而向前运动,并与车内的转向盘、风窗玻璃或仪表台等发生碰撞,这种碰撞称为二次碰撞。一般在车辆事故中,二次碰撞是导致驾驶员和乘员受伤的主要。为了减轻二次碰撞对驾乘人员的伤害,在现代汽车上,车身一般设有撞击吸收结构、安全气囊、座椅安全带等,如图4.2所示。

安全气囊的作用主要是防止汽车碰撞时车内乘员和车内部件间发生碰撞而造成的伤害,通常是作为安全带的辅助安全装置出现,二者共同作用。安全气囊系统是一种被动安全性的保护系统,与座椅安全带配合使用,可以为乘员提供有效的防撞保护。在汽车相撞时,安全气囊可使头部受伤率减少25%,面部受伤率减少80%左右。安全气囊的保护原理是:当汽车遭受一定的碰撞力量以后,气囊系统就会引发某种类似微量炸药爆炸的化学反应,隐藏在车内的安全气囊就在瞬间充气弹出,在乘员的身体与车内零部件碰撞之前能及时到位,在人体接触到安全气囊时,安全气囊通过气囊表面的气孔开始排气,起到铺垫作用,减小身体所受冲击力,最终达到减轻乘员伤害的效果。

图 4.1　汽车碰撞损伤

图 4.2　汽车碰撞保护

4.1.2　安全气囊系统的组成

如图 4.3 所示为安全气囊部件在车上的位置,安全气囊一般由传感器、电子控制单元、气体发生器、气囊、续流器等组成,通常气体发生器和气囊等一起构成气囊模块。传感器感受汽车碰撞强度,并将感受到的信号传送到控制器,控制器接收传感器的信号并进行处理,当它判断有必要打开气囊时,立即发出点火信号以触发气体发生器,气体发生器接收到点火信号后,迅速点火并产生大量气体给气囊充气。安全气囊最重要的指标是可靠性,如果不该点火而点火打开气囊称为误点火,如果应该点火而没有点火称为漏点火,如果点火太晚则称为迟点火,无论是误点火、漏点火、还是迟点火都是不允许的。为了提高安全气囊系统的可靠性,防止电源线在碰撞中断线、电池遭到破坏,系统中备有储能电容或电池,以保证即使掉电也能打开气囊。为了监测传感器、电子电路、气体发生器,系统一般还有故障诊断模块,并设有信号灯予以显示。汽车安全气囊系统一般有左右挡板传感器各一个,还有一个传感器放在含有诊断模块的控制器中,气囊有驾驶员席正面碰撞气囊和乘客席正面碰撞气囊,另外还有警告灯。当发生前面碰撞时,两个挡板传感器中只要有一个闭合,诊断模块就会根据送来的信号进行处理和判断,认为有必要点火后即发出点火信号使气囊充气。

图 4.3　安全气囊部件在车上的位置

(1)碰撞传感器

碰撞传感器是系统中的控制信号输入装置。其作用是在汽车发生碰撞时,由碰撞传感器检测汽车碰撞的强度信号,并将信号输入安全气囊电脑,安全气囊电脑根据碰撞传感器的信号来判定是否引爆充气元件使气囊充气。碰撞传感器有两种类型:一种型号由半导体制成,另一种为机械类型。前安全气囊碰撞传感器一般安装在左右前侧梁上,它相当于一只控制开关,其工作状态取决于车辆碰撞时减速度的大小。如图 4.4 所示为机械式碰撞传感器,静止状态时滚球在永久磁铁的吸引下位于最右侧,左侧触点未接通;当汽车发生碰撞且惯性力大于永久磁铁的吸引力时,滚球瞬间向左侧运动并推动触点接通,信号被传输到 ECU。

侧面安全气囊碰撞传感器一般安装在左、右中柱上,帘式安全气囊碰撞传感器一般安装在左、右后柱上。

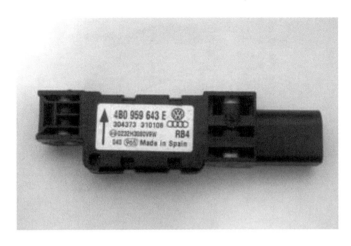

图 4.4　机械式碰撞传感器

（2）ECU

ECU（电子控制单元）又称为"行车电脑""车载电脑"等，一般安装在变速杆下方的车身上，它是安全气囊系统关键的部件之一。其作用是，接收碰撞传感器及其他相关传感器的信号（如车速传感器等），经过计算分析，以确定是否引爆安全气囊，当判断结果为汽车发生碰撞时，发出引爆指令，同时，它还对本系统进行故障自诊断。ECU 的电压工作范围一般在 6.5 ~ 16 V（内部关键处有稳压装置）、工作电流在 0.015 ~ 0.1 A、工作温度在 −40 ~ 80 ℃。能承受 1 000 Hz 以下的震动，因此 ECU 损坏的概率非常小。在 ECU 中 CPU 是核心部分，它具有运算与控制的功能，发动机在运行时，它采集各传感器的信号，进行运算，并将运算的结果转变为控制信号，控制被控对象的工作。它还实行对存储器（ROMFLASH/EEPROM、RAM）、输入输出接口（I/O）和其他外部电路的控制；存储器 ROM 中存放的程序是经过精确计算和大量实验取得的数据为基础编写出来的，这个固有程序在发动机工作时，不断地与采集来的各传感器的信号进行比较和计算。把比较和计算的结果用来对发动机的点火、空燃比、怠速、废气再循环等多项参数进行控制。

（3）螺旋电缆

螺旋电缆也称时钟弹簧，如图 4.5 所示，它安装在转向柱上，位于转向盘的下部，它的作用是连接驾驶侧安全气囊导线插接器和转向柱上的导线插接器，其内部结构与钢卷尺相似。它往往和喇叭线束以及自动巡航控制线束做成一体。它是本系统中最易损坏的部件之一，属于机械式导线装置。在检修转向柱或转向器时，特别是在将转向盘与转向柱拆开时，禁止转动转向，以免拉断或折断锁簧。

图 4.5 螺旋电缆

（4）安全气囊分类

安全气囊组件按不同车型有不同种类组件,按气囊的数量分类可分为单气囊、双气囊、四气囊、多气囊、气囊式安全带、侧气囊、膝部气囊以及头部气囊等,每个气囊内都有一个气体发生器和安全气囊袋,它们的外形结构虽然有较大的区别,但工作原理相同。

1）单气囊、双气囊

如图 4.6 所示,在国内生产的中低档轿车中标配的气囊个数是 1～2 个,一般都是在车辆的驾驶和副驾驶位置各一个,用于在车辆发生猛烈撞击时对前排乘员胸部和脑部进行有效保护。

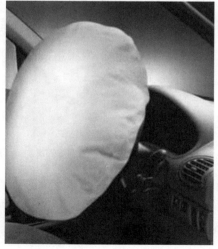

图 4.6 单气囊

2）四气囊

如图 4.7 所示,在一些中档车中,一般都会装有四个气囊,除了位于驾驶、副驾驶位的两个,在侧面车门内也装有两个。有效地缓冲了来自前方和侧面的强大冲击力。

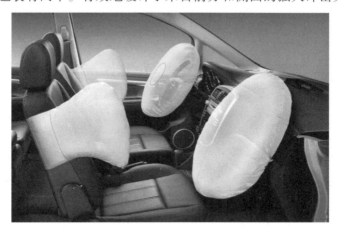

图 4.7　四气囊

3）多气囊

如图 4.8 所示,在一些高档车中,如以安全性著称的沃尔沃轿车,在它的旗舰车型中全车配备了 6 个气囊和 18 个气帘,分别位于车内前排正副驾驶位,前后车门两侧各两个,18 个气帘分布在前后风窗玻璃处、侧面视窗处,对来自各个方向的撞击提供最有效的保护。

图 4.8　多气囊

4）气囊式安全带

如图 4.9 所示,防汽车反弹伤亡的气囊式安全带,原名防汽车气囊反弹伤亡的保险带,又称气囊式安全带。在车用保险带肩部及整体设有标志形气囊装置。该保险带结合了传统安全带和安全气囊的特性,为乘客提供了更高级别的碰撞安全保护。这项技术减少了事故发生时对乘客头部、颈部和胸部的伤害,采用了气囊式安全带,进一步提升了车辆的安全创新设施,同时对于儿童老人是个福音。这款气囊式安全带,当碰到意外情况时,安全带会瞬间膨胀成气囊状,其缓解冲击力的效果是传统安全带的 5 倍。一是面积大可以有效降低头部与颈部的晃动,二是气囊膨胀时具备一定的反作用力,能减少车祸中乘客容易出现的肋骨骨折、内脏器官受损和瘀伤等现象,实现避免因气囊弹伤颈椎的 60% 以上的伤亡事故。

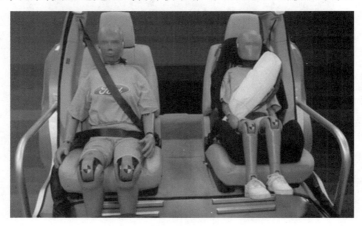

图 4.9　气囊式安全带

5)侧气囊

如图 4.10 所示,侧气囊是安装在座椅外侧的,目的是减缓侧面撞击造成的伤害。很多厂家的车型都会标配前排两个座椅的侧气囊,而装配后排侧气囊的车型则很少。

图 4.10　侧气囊

6)膝部气囊

如图 4.11 所示,大多数车型都只配备了主、副驾驶安全气囊、侧气囊等,其实车辆在真正发生正面碰撞时,人员腰下肢体部分是更应该受保护的,下面的膝部与中控台的距离最短,是最易造成骨折损伤的部位。膝部安全气囊是用来降低乘员在二次碰撞中车内饰对乘员膝部的伤害。膝盖部分的气囊位于前排驾驶座椅内,一旦打开能够有效保护后排乘客的腰下肢体部位,从而也能缓解来自正面碰撞的前冲力。

图 4.11　膝部气囊

7)头部气囊

如图 4.12 所示,头部气囊也叫侧气帘,在碰撞时弹出遮盖车窗,以达到保护乘客的效果。头部气囊主要针对侧撞时乘车人的头部进行保护。B 柱侧、窗玻璃,甚至安全带侧面支撑扣都有可能成为车祸中的杀手,头部气囊就会把成员和这些东西隔开。头部气囊安装在车顶弧形钢梁内,通常贯穿前后,受车身内横向加速度传感器控制。当横向加速度大于正常值,且达到危险值时就会控制起爆。对于侧撞、翻车等严重事故有着很好的人员保护功能。

图 4.12　头部气囊

8)气体发生器

它的结构如图 4.13 所示,在金属容器内装有引燃器和气体发生剂等。它的作用是:当车辆发生碰撞时,引燃器通电产生高温,使增强剂燃烧,气体发生剂在高温作用下发生化学反应瞬间生成大量氮气送入安全气囊袋内,使安全气囊袋展开。

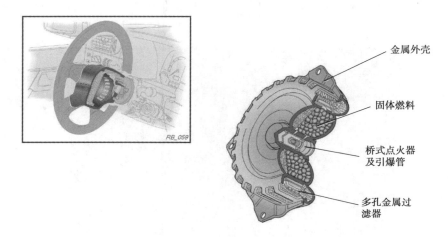

金属外壳

固体燃料

桥式点火器
及引爆管

多孔金属过
滤器

图 4.13　气体发生器的结构

（5）安全气囊警告灯

安全气囊警告灯的符号通常用"SRS""AIR BAG"或如图 4.14 所示的图标等表示。它的作用是指示安全气囊系统的功能是否正常。

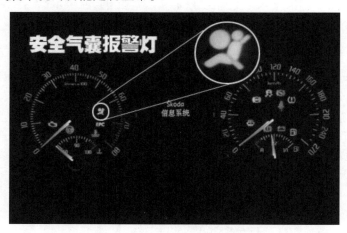

图 4.14　安全气囊警告灯

（6）短路弹簧片和双锁装置

1）短路弹簧片

当分离安全气囊控制模块导线插接器时,安全气囊警告灯应亮起。当分离安全气囊系统各导线插接器时,电路有可能与电源和搭铁短路,造成安全气囊意外被引爆,为了防止此类事故的发生,在导线插接器上安装了短路弹簧片。在分离各安全气囊组件导线插接器时,短路弹簧片自动地连接安全气囊组件的正(＋)端子和负(－)端子而短路,使安全气囊组件的点火电路失效,预防安全气囊意外展开。

2)双锁装置

在安全气囊系统中,导线插接器接触不良和异常分离,会对系统造成很大的影响,还无法保护车内乘员的安全。为了保证导线插接器在任何恶劣条件下都能保持良好的连接状态,插入插接器时为一次锁住,按下插接器上部盖进行二次锁住,以防插接器接触不良和异常分离。

4.1.3　安全气囊系统电路

某款轿车安全气囊系统电路图如图 4.15 所示。电路特点前碰撞传感器 9、10 与安装在安全气囊 ECU 中的中心传感器并联,驾驶员侧气囊点火器 7 与副驾驶员侧气囊点火器 8 并联,左、右安全带收紧器点火器 5、6 并联。在安全气囊 ECU 中有两个相互并联的安全传感器,其中一个与安全带收紧器 5、6 和安全气囊 ECU 中的驱动电路构成回路,收紧器的点火器由安全气囊 ECU 控制。另一个安全传感器与气囊点火器 7、8 和前碰撞传感器 9、10 构成回路,气囊点火器 7、8 也由安全气囊 ECU 控制。

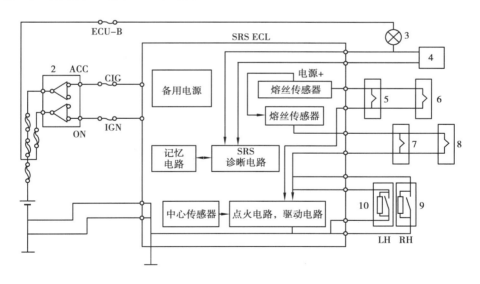

图 4.15　某款轿车安全气囊系统电路图

任务4.2　安全防盗系统检查

4.2.1　中控门锁

为方便驾驶员和乘客开关车门,现代大部分汽车均安装了中央控制门锁系统。中央控制门锁可实现以下功能:驾驶员可以在锁住或打开自己车门的同时,锁住或打开其他车门;其开门或锁门的方式包括用钥匙方式和门锁开关方式在车室内个别车门需打开时,可分别拉开各自的锁扣;配合防盗系统,实现防盗。

(1)中控门锁的组成

中控门锁系统一般由门锁控制开关、钥匙控制开关、门锁总成、行李箱门开启器及门锁控制器组成。

1)门锁控制开关

门锁控制开关装在驾驶员前门内侧的扶手上,通过门锁控制开关可以同时锁上和打开所有的车门。

2)门锁总成

门锁总成主要由门锁传动机构、门锁位置开关和门锁壳体等组成,如图4.16所示。

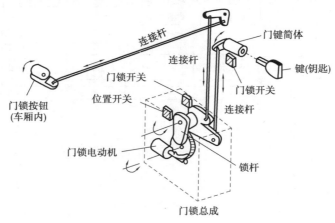

图4.16　门锁机构示意图

门锁传动机构由电动机、涡轮和齿轮等组成,如图4.17所示。当门锁电机转动时,蜗杆带动蜗轮转动,蜗轮推动锁杆,车门被锁上或打开,然后蜗轮在回位弹簧的作用下返回原位置,防止操纵门门锁钮时电动机工作。

门锁位置开关位于门锁总成内,用来检测车门的开闭情况。它由一个触点片和一个开关底座组成。当锁杆推向锁门位置时,位置开关断开;推向开门位置时,位置开关接通。当车门关闭时,位置开关断开;反之,位置开关接通。

3)钥匙操纵开关

钥匙操纵开关装在前门的钥匙门上,当从外面用钥匙开门或关门时,钥匙操纵开关便发出开门或锁门的信号给门锁控制 ECU 或门锁控制继电器。钥匙操纵开关的位置如图4.18所示。

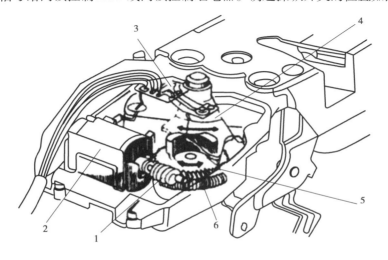

图 4.17 门锁传动机构

1—蜗杆;2—门锁电动机;3—位置开关;4—锁杆;5—涡轮;6—复位弹簧

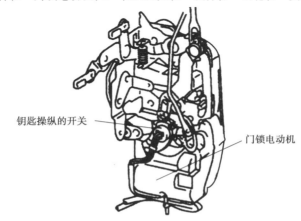

图 4.18 钥匙操纵开关位置

4)行李箱门开启器开关

该开关一般位于仪表板下面或驾驶员座椅左侧车厢底板上,拉动此开关便能打开行李箱门,如图4.19所示。行李箱钥匙门靠近其开启器,推压钥匙门,断开行李箱内主开关,此时再拉开启器开关也不能打开行李箱门。将钥匙插进钥匙门内顺时针旋转打开钥匙门,主开关接通这样便可用行李箱门开启器打开行李箱。

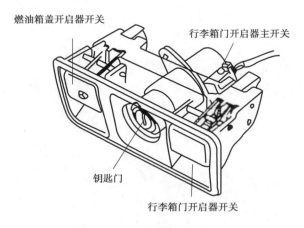

图4.19　行李箱门开启器开关

5)行李箱门开启器

行李箱门开启器装在行李箱门上,由轭铁、插棒式铁芯、电磁线圈和支架组成,如图4.20所示。当电磁线圈通电时,插棒式铁芯将轴拉入并打开行李箱门。线路断路器用以防止电磁线圈因电流过大而过热。

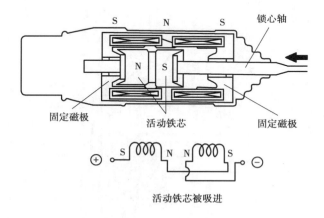

图4.20　行李箱门开启器

6)门控开关

门控开关用来检测车门的开闭情况。车门打开时,门控开关接通;门关闭时,门控开关断开。

7）执行元件

执行元件一般为电动机或电磁铁。电磁铁式工作噪声大,且频繁地开关震动,易使其在车门内部支架上变松,从而导致同金属门的连接断开而不能工作。为降低噪声,提高可靠性,现代汽车一般采用电动机。

（2）中控门锁的工作原理

中控门锁电路主要由门锁开关、门锁控制器和门锁电动机等组成,其中门锁开关可以是门锁钥匙,也可以是门内的门锁开关,或者是通过门锁提钮来完成门锁齐闭的作用;门锁控制器可以是独立装置,也可以集中于防盗电脑或车身控制单元内。

1）中控门锁基本控制电路

中控门锁基本控制电路主要由左右侧门锁控制开关、门锁控制器和门锁电动机等组成,电路如图 4.21 所示。

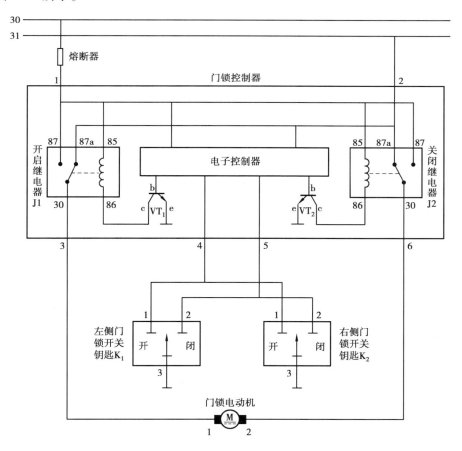

图 4.21 中控门锁基本控制电路

电路工作原理如下：

该门锁开关输出负极性的号，故控制电路为负触发方式，且左右门锁开关为并联关系；门锁控制器内有电子控制部分，主要负责接收门锁开关的触发号，输出有时间控制功能的继电器驱动号；门锁电动机可以是全车门锁电动机或后备厢锁电动机。

门锁开启将门锁开关（左或右）置于 K_1（K_2）/开位置，搭铁→K_1（K_2）/3→K_1（K_2）/1→门锁控制器 4 号端子→将门锁开启触发信号送给门锁控制器，电子控制器将控制晶体管 VT_1 工作在开关状态，晶体管 VT_1 的 c 极和 e 极导通，搭铁信号送至 J1/86，J1/85 因有 30 电源，开锁继电器工作。门锁电动机电路为 30 电源→门锁控制器 1 号端子→J1/87 → J1/30→门锁控制器 3 号端子→M/1→M/2→门锁控制器 6 号端子→J2/30→J2/87a→门锁控制器 2 号端子→31 搭铁→蓄电池负极。此时门锁电动机 M/1 为正，M/2 为负，打开门锁，动作时间取决于门锁控制器电子控制部分。

门锁闭锁将门锁开关（左或右）置于 K_1（K_2）闭锁位置，搭铁→K_1（K_2）/3→K_1（K_2）12→门锁控制器 5 号端子→将门锁闭锁触发信号送给门锁控制器内，电子控制器将控制晶体管 VT_2 工作在开关状态，晶体管 VT_2 的 c 极和 e 极导通，搭铁信号送至 J2/86，J2/85 因有 30 电源，闭锁继电器工作。门锁电动机电路为 30 电源→门锁控制器 1 号端子→J2/87 →J2/30→门锁控制器 6 号端子→M/2→M/1→门锁控制器 1 号端子→J2/30→J2/87a→门锁控制器 2 号端子→31 搭铁→蓄电池负极。此时门锁电动机 M/2 为正，M/1 为负，闭锁门锁，动作时间取决于门锁控制器电子控制部分。

2）中控门锁自动控制

中控门锁自动控制是指除门锁开关外，还受控于车速，也就是当车速达到某一规定值时，自动门锁系统将自动锁死车门，即使按动开门，门锁也打不开。当车速降低至某一规定值时，助闭锁系统将自动解除控制，此时按下开锁开关，门锁便可打开。汽车自动门锁系统控制电路主要由门锁电磁阀、门锁开关、自动门锁控制器及车速信号传感器等组成，电路工作原理如图 4.22 所示。

开启门锁当手动门锁开关或钥匙门锁开关位于开锁状态时，门锁控制器 1 号或 7 号端子经手动或钥匙门锁开关搭铁，将门锁开启负触发信号送给门锁控制器，内部继电器工作，门锁执行电磁线圈电路为蓄电池正极→断电保护器→门锁 ECU 的 6 号端子→触点 K_3→门锁 ECU 的 2 号端子→门锁执行电磁线圈→门锁 ECU 的 5 号端子→触点 K_2→门锁 ECU 的 10 号端子→搭铁→蓄电池负极。此时，门锁执行电磁线圈反向通电，活动铁芯运动，车门开锁。

当手动门锁开关或钥匙门锁开关位于闭锁状态时，门锁控制器 3 号端子经手动或钥匙门锁开关搭铁，将门锁闭锁负触发信号送给门锁控制器，内部继电器工作，门锁执行电磁线圈电路为蓄电池正极→断电保护器→门锁 ECU 的 6 号端子→触点 K_1→门锁 ECU 的 5 号端子→

门锁执行电磁线圈→门锁 ECU 的 2 号端子→触点 K_4→门锁 ECU 的 10 号端子→搭铁→蓄电池负极。此时,门锁执行电磁线圈正向通电,活动铁芯运动,车门闭锁。

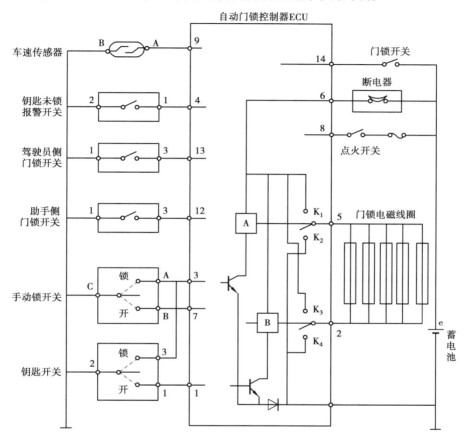

图 4.22　中控门锁自动控制

自助闭锁只有门锁处于开锁状态,门锁控制器的 9 号端子检测到速度传感器的车速信号升至规定值时,门锁 ECU 通过对内部继电器的控制,使触点 K_1、K_4 闭合,门锁执行电磁线圈电路同闭锁相同。

钥匙限定防止系统的作用是当点火开关钥匙未从点火开关上拔下,打开驾驶员侧车门,用手动或门锁钥匙闭锁车门时,钥匙未锁报警开关的信号通过端子 4 输入门锁控制器,门锁 ECU 则强制使内部继电器工作在门锁开启状态,即触点 K_2、K_3 闭合,门锁执行电子线圈电路同开锁相同。

3)中控门锁遥控控制

汽车遥控门锁系统电路由无线门锁主开关、无线门锁 ECU、玻璃印制天线(除霜电热丝)、防盗和门锁 ECU、门控灯开关,钥匙未锁警告开关、门锁电动机和位置开关等组成,电路工作原理如图 4.23 所示。

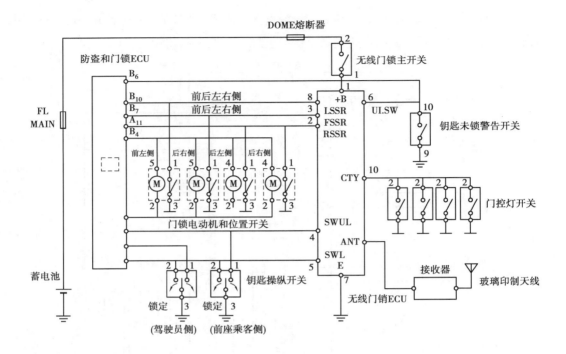

图 4.23　中控门锁遥控控制

当遥控门锁主开关接通时,蓄电池电压加到遥控门锁 ECU 的 + B 端子上,由遥控门锁 ECU 的 E 端子搭铁,遥控门锁 ECU 具备工作条件。

遥控天线电路操纵点火钥匙上的发射器时,电磁波由后窗玻璃上的印制天线接收,通过匹配器将其送至遥控门锁 ECU 的 ANT 端子,遥控门锁 ECU 即可控制车门锁的开启或闭锁。

车门位置开关电路的车门位置开关设在门锁电动机总成内,当车门锁按钮处于锁住位置时,开关断开;当车门锁按钮处于打开位置时,开关接通。遥控门锁 ECU 的 LSSR、FSSR、RSSR 端子分别为左前门、右前门和两后门的车门位置开关端子。当 4 个车门的任一车门锁按钮处于锁住位置时,相对应的 ECU 端子的电压为蓄电池电压 12V；相反,当车门锁按钮处于打开位置时,端子的电压为搭铁电压 0。

钥匙操纵开关电路的操纵钥匙开关设在车门锁芯内,当车钥匙转至锁住侧时,开关的锁住端子(SWL)搭铁,当车门钥匙转至打开侧时,开关的打开端子(SWUL)搭铁。当点火开关接通时,蓄电池电压通过防盗 ECU 加到遥控门锁 ECU 的锁住端子 SWL 和打开端子 SWUL 上,即锁住端子 SWL 和打开端子 SWUL 的电压为 12 V。当钥匙操纵开关锁住端子搭铁时,遥控门锁 ECU 的锁住端子 SWL 的电压为 0 V;当钥匙操纵开关打开端子搭铁时,遥控门锁 ECU 的打开端子 SWUL 的电压为 0 V。

当遥控门锁 ECU 的 ANT 端子接到点火钥匙发送器发出的遥控电波信号时,根据 SWL 端子和 SWUL 端子电压信号,输出打开或锁住所有车门的信号,该信号通过两个 ECU 之间的通信线路 B7-FSSR、B10-LSSR、A11-RSSR 给防盗 ECU,防盗 ECU 即控制门锁锁住或打开。

钥匙未锁警告开关电路当钥匙插入点火开关锁芯时,钥匙未锁警告开关接通,遥控门锁 ECU 的 UL SW 端子电压为 0,ECU 执行钥匙禁闭预防功能;钥匙未插入时,开关断开,ULSW 端子的电压为蓄电池电压 12 V,钥匙禁闭预防功能解除。

门控灯开关电路门控灯开关在车门打开时接通,车门关闭时关断,当任一车门打开时,遥控门锁 ECU 的 CTY 端子电压为 0 V;当所有车门均关闭时,CTY 端子电压为蓄电池电压 12 V。

4.2.2　汽车防盗系统

汽车防盗系统是指防止汽车本身或车上的物品被盗所设的系统。它由电子控制的遥控器或钥匙、电子控制电路、报警装置和执行机构组成。最早的汽车门锁是机械式门锁,只是用于汽车行驶时防止车门自动打开而发生意外,只起行车安全作用,不起防盗作用。随着社会的进步、科学技术的发展和汽车保有量的不断增加,后来制造的轿车、货车车门都装上了带钥匙的门锁。这种门锁只控制一个车门,其他车门是靠车内门上的门锁按钮进行开启或锁止。

(1)机械式

机械式防盗装置是市面上最简单、最廉价的一种防盗器型式,其原理也很简单,只是将转向盘和控制踏板或挡柄锁住。其优点是价格便宜,安装简便;缺点是防盗不彻底,每次拆装麻烦,不用时还要找地方放置。机械式防盗装置比较常见的有:

①转向盘锁。所谓转向盘锁,就是拐杖锁,它靠坚固的金属结构锁住汽车的操纵部分,使汽车无法开动。转向盘锁将转向盘与制动踏板连接在一块,或者直接在转向盘上加上限位铁棒使转向盘无法转动。市场上推出一种护盘式转向盘锁,以覆盖的方式,将镍铝高强度合金钢横跨在转向盘的两辐,在锁头上再接一根钢棒,防止歹徒使用暴力窃车。这种锁为隐藏式,有一层防锯防钻钢板保护,另外材质也比传统的拐杖锁坚固,锁芯也设计得更加精密。

②可拆卸式转向盘。该种防盗器材在市场上较拐杖锁少见,其整套配备包括底座、可拆式转向盘、专利锁帽盖。操作程序是先将转向盘取下,将利锁帽盖套在转向轴上。即使小偷随便拿一个转向盘也无法安装在转向轴上。该类防盗锁的优点是不会破坏原车结构,故障率低,操作容易;缺点是车主必须找一个空间隐藏拆下的转向盘。

③离合刹车锁防盗(可锁刹车或者加速踏板)。离合刹车锁是将汽车制动踏板或离合器踏板锁住并支撑稳,使其无法操控而防止车辆被盗。其特点是结构简单,不影响汽车的内饰和美观。但是夜间照明不良时,上锁就很困难。

④车轮锁防盗。车轮锁是车体外用锁,锁在车轮上可以牢固地锁住汽车的轮胎,使车轮无法转动来防止汽车被盗。车轮锁一般锁在驾驶座一侧的前轮上,比车内锁具有更明显的震慑力。但是车轮锁笨重、体积大,携带不方便。

⑤防盗磁片。防盗磁片全称:汽车车锁防盗防撬磁片或汽车防盗磁片,是用物理方法堵住汽车钥匙孔,依靠防盗磁片的强磁力吸到汽车车锁锁眼中,盖住锁芯(严丝合缝)以达到汽车车锁防撬盗的汽车防撬盗保护装置。该装置应用在汽车锁孔锁芯的暴力防撬盗上,它对使用暴力撬盗汽车车锁具有非常好的预防效果。

⑥排挡锁。目前排挡锁成为多数车主的最爱,因为此防盗系统简便又坚固,采用特殊高硬度合金钢制造,防撬、防钻、防锯,且独特采用同材质镍银合金锁芯和钥匙,没有原厂配备钥匙,绝无法打开,钥匙丢失后,可使用原厂电脑卡复制钥匙。

上述机械式防盗装置结构比较简单,占用空间,不隐蔽,每次使用都要用钥匙开锁,比较麻烦,而且不太安全。随着电子技术在汽车上的应用,电子式防盗装置就应运而生。

(2)芯片式

芯片式数码防盗器是汽车防盗器发展的重点,大多数轿车均采用这种防盗方式作为原配防盗器。芯片式防盗的基本原理是锁住汽车的发动机、电路和油路,在没有芯片钥匙的情况下无法启动车辆。数字化的密码重码率极低,而且要用密码钥匙接触车上的密码锁才能开锁,杜绝了被扫描的可能。进口的很多高档轿车,国产的大众、广州本田和派力奥等车型已装有原厂的芯片防盗系统。

芯片式防盗已经发展到第四代,最新面世的第四代电子防盗芯片具有特殊的诊断功能,即已获授权者在读取钥匙保密信息时,能够得到该防盗系统的历史信息,系统中经授权的备用钥匙数目、时间印记以及其他背景信息,成为收发器安全性的组成部分。第四代电子防盗系统除了比以往的电子防盗系统更有效地起到防盗效果外,还具有其他先进之处,如独特的射频识别技术可以保证系统在任何情况下都能正确识别驾驶者,在驾驶者接近或远离车辆时可以自动识别其身份,自动打开或关闭车锁。

(3)电子式

所谓电子防盗,就是给车锁加上电子识别,开锁配钥匙都需要输入十几位密码的汽车防盗方式,它一般具有遥控技术,是随着电子技术的发展而迅速发展起来的一种防盗方式。电子式防盗器有如下四大功能:

①防盗报警功能。这个功能是指在车主遥控锁门后,报警器即进入警戒状态,此时如有人撬门或用钥匙开门,会立即引及防盗器鸣叫报警,吓阻窃贼行窃,这也是电子防盗器最大的

优点和争议之处,因为它发出的"哇、哇"声在震慑盗贼的同时,也存在着扰民的弊端。北京和深圳等一些城市已经对电子式防盗器中的一种俗称"哇哇叫"的防盗器亮了红牌。

②车门未关安全提示功能。行车前车门未关妥,警示灯会连续闪烁数秒。汽车熄火遥控锁门后,若车门未关妥,车灯会不停闪烁,喇叭鸣叫,直至车门关好为止。

③寻车功能。车主用遥控器寻车时,喇叭断续鸣叫,同时伴有车灯闪烁提示。

④遥控中央锁。当遥控器发射正确信号时,中央锁自动开启或关闭。电子遥控防盗装置的遥控器、电子钥匙都有相对应的密码。遥控器发射部分采用微波/红外线系统。利用手持遥控器将密码信号发向停车位置,门锁系统接收开启,驾车者进车后再将电子钥匙放入点火锁内,电子钥匙将内置密码发至控制电路中的接收线圈,产生电感耦合令电路和油路启动,使汽车得以运行。电子防盗装置的两个最大的卖点就在于它的密码解锁和报警声,其中密码解锁根据密码的发射方式的不同分为定码式和跳码式两种。定码式防盗器的特点是密码量少。工作原理主要是利用密码扫描器或解码器,通过它们接收到的空间无线电信号截取主机密码,从而通过复制解除防盗系统。

（4）GPS

和很多高端技术的来历一样,GPS的出身也有着浓重的军事背景,即全球卫星定位系统,在20世纪70年代,美国为了与苏联对抗,美国耗资130亿美元研制开发出来的,最初只用于军事领域。1993年后,美国国防部正式宣布GPS向全球免费开放使用,由于它先进的技术特点在很多方面和交通行业不谋而合,因此很快就被广泛用于交通行业。

GPS的工作原理是利用接收卫星发射信号与地面监控设备和GPS信号接收机组成全球定位系统,卫星星座连续不断发送动态目标的三维位置、速度和时间信息。保证车辆在地球上的任何地点、任何时刻都能收到卫星发出的信号。GPS主要是靠锁定点火或启动来达到防盗的目的,同时还可通过GPS卫星定位系统,将报警处和报警车辆所在位置无声地传送到报警中心。因此,只要每辆移动车辆上安装的GPS车载机能正常地工作,再配上相应的信号传输链路(如GSM移动通信网络和电子地图),建一个专门接收和处理各个移动目标发出的报警和位置信号的监控室,就可形成一个卫星定位的移动目标监控系统。GPS卫星定位汽车防盗系统有如下五大功能:

①定位功能。监控中心在全国范围内可随时监控某辆车的运营状况,可以24 h不间断地检测目标车辆当前的运行位置、行驶速度和前行方向等数据。

②通信功能。GPS适应信息时代的需求,在行车中可以为车主提供GSM网络上的全国漫游服务。车主可以随时随地与外界和服务中心保持联络。在实际使用过程中,对劫车者也具有震慑作用。另外,它的话费优惠和免提功能也更方便更舒心。

③监控功能。如果遇上劫匪,可以通过 GPS 系统配备的脚踏/手动报警、防盗报警等报警设施与监控中心的联系。

④停驶功能。假若爱车不幸丢失,可通过监控中心对它实行"远程控制"。监控中心在对失主所提供的信息和警情核实无误后,可以遥控该车辆,对其实行断油断电,再配合附近警方将困在车里动弹不得的窃贼绳之以法。

⑤调度功能。在车辆日渐增多的大城市遇上塞车怎么办? GPS 同样可以帮忙。监控服务中心可以将当前的道路堵塞和交通信息广播,发布中文调度指令,提高客货运效率。

(5)生物识别防盗锁

指纹锁是利用每个人不同的指纹图形特征制成的一种汽车门锁。制作时先在锁内安装车主的指纹图形,当车主开启车门时,只要将手指往门锁上一按,如果指纹图形相符,车门即开。

眼睛锁是利用视网膜图纹来控制的汽车门锁。这种锁内设有视网膜识别和记忆系统,车主开锁时只需凑近门锁看一眼,视网膜图形与记录相吻合时,车门会自动打开,但缺点是价格昂贵。一般使用这种防盗系统的都是中高档轿车,经济型轿车一般不需要安装如此高档的防盗系统。

4.2.3　智能进入与起动系统

为最大限度地为车主提供便利和安全,目前很多中高级轿车上配置了智能进入与启动系统,也称为无钥匙进入系统和无钥匙启动系统。此时车主携带的不是一个传统的带遥控的钥匙,而是一个智能钥匙,或者说是智能卡。

该系统采用最先进的无线射频识别(RFID)技术,通过车主随身携带的智能卡里的芯片感应自动开关门锁,也就是说当驾驶者走近车辆一定距离时,门锁会自动打开并解除防盗;当驾驶者离开车辆时,门锁会自动锁上并进入防盗状态。一般装备有无钥匙进入系统的车辆,其车门把手上有感应按钮,同时也有钥匙孔,是以防智能卡损坏或没电时,车主仍可用普通方式开启车门。当车主进入车内时,车内的检测系统会马上识别车主的智能卡,经过确认后车内的电脑才会进入工作状态,这时车主只需轻轻按动车内的启动按钮(或者是旋钮),就可以正常启动车辆了。也就是说无论在车内还是车外,都可以保证系统在任何情况下都能正确识别驾驶者,如图 4.24 所示。

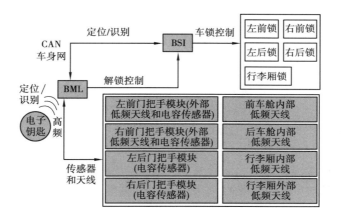

图 4.24　智能进入与起动系统操作过程图

115

项目 **5**

汽车转向系统

任务 5.1　转向系统的作用

5.1.1　转向系统

(1)转向系统的作用

汽车转向系统的作用是按照驾驶员的意愿控制汽车的行驶方向。汽车转向系统是用来改变或保持汽车前进或倒退方向的一系列装置。汽车的转向系统是在人力的作用下,控制汽车的转向盘和转向轮实现方向的变化。汽车转向系统和制动系统都是汽车安全必须要重视的两个系统。就轮式汽车而言,实现汽车转向的方法是,驾驶员通过一套专设的机构,使汽车转向桥上的转向轮相对于汽车纵轴线偏转一定角度。在汽车直线行驶时,往往转向轮也会受到路面侧向干扰力的作用,自动偏转而改变行驶方向,如图5.1所示。

(2)转向系统的组成部分

转向系统可按转向动力源的不同,分为机械转向系统和动力转向系统两大类。机械转向系统以驾驶员的体力作为转向动力源,其中所有传力件都是机械的。它由转向操纵机构、转向器和转向传动机构三大部分组成,其一般组成情况如图5.2所示。

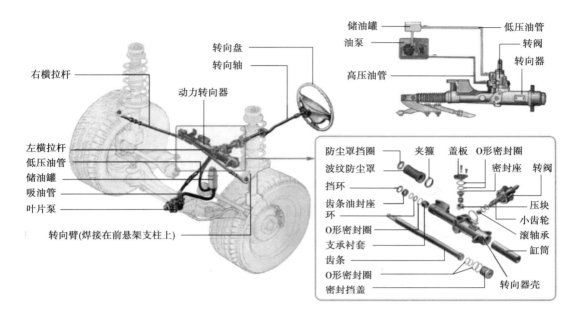

图5.1　转向系统

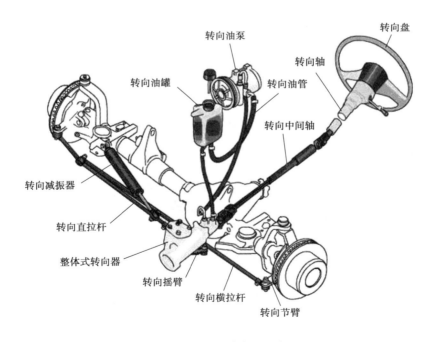

图5.2　转向系统布置组成

（3）转向系统的类型

动力转向系统又可分为机械式、液压式和电动式。汽车转向系统经历了传统机械转向系统、液压助力转向系统、电液助力转向系统和电动助力转向系统4个发展阶段，未来则可能向线控动力转向系统发展。目前汽车转向系统正处在液压助力转向系统、电液助力转向系统向电动助力转向系统发展的过渡阶段。

1）机械转向系统

机械转向系统以驾驶员的体力作为转向能源，所有传递力的构件都是机械的，主要由转向操纵机构、转向器和转向传动机构三大部分组成，如图5.3所示。转向操纵机构是驾驶员操纵转向器工作的机构，包括从转向盘到转向器输入端的零部件。转向器是把转向盘传来的转矩按一定传动比放大并输出的增力装置，转向器最早采用的是蜗轮蜗杆式，后陆续出现了螺杆螺母式、齿轮齿条式、循环球式等形式。转向传动机构是把转向器输出的力矩传递给转向车轮的机构，包括从转向摇臂到转向车轮的零部件。当汽车需要改变行驶方向时，驾驶员通过转动转向盘，转向力矩经由转向轴、转向器、直拉杆、横拉杆和梯形臂等机件使转向节偏转，实现汽车方向的改变。

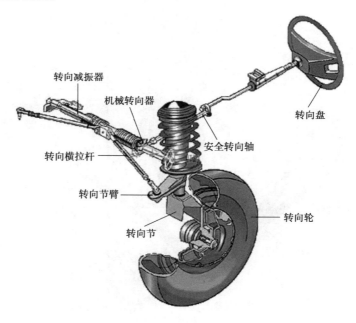

图5.3　机械转向系统

传统机械转向系统的优点是结构简单、工作可靠、生产成本低。其缺点也非常明显：①随着汽车速度的提高和汽车质量的增大，转向操纵难度增大，转向越来越费力。②其传动比是固定的，即角传递特性无法改变，导致汽车的转向响应特性无法控制，传动比无法随汽车转向过程中的车速、侧向加速度等参数的变化而进行补偿,驾驶员必须在转向之前就对汽车的转向响应特性进行一定的操作补偿,这样无形中增加了驾驶员的精神和体力负担。

2)液压助力转向系统

液压助力转向系统(HPS)是在传统机械转向系统基础上额外加装了一套液压助力系统,如图 5.4 所示,一般由油泵、V 形带轮、油管、供油装置、助力装置和控制阀等组成。它以液压油为动力,通过液压泵产生的动力来推动机械转向器工作。

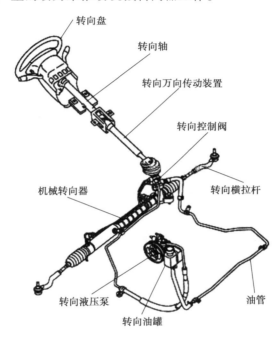

图 5.4　液压助力转向系统

由于该系统通过液压力作用来推动传统机械转向机构的转向运动,从而减轻了驾驶员的劳动强度,在一定程度上解决了传统机械转向系统由于传动比固定而造成的转向"轻便"与"灵敏"之间的矛盾。但是,这类动力转向系统是靠转向盘转动时带动扭杆直接改变液压系统油路的通道面积来提供可变的助力,即助力大小与车速的高低没有关系,只与转向角度有关。转向盘转过的角度越大,液压系统提供的助力也越大。同时,该系统存在着以下缺点:

不管汽车转不转向,只要发动机工作,液压助力泵就会在发动机带动下工作,额外消耗发动机的能量。

转向助力特性不可调,高速和低速时助力特性相同。在低速转向需要较大助力时,往往因发动机转速低而助力效果差,而在高速转向需要较小助力时,会因发动机转速高而助力作用大,导致转向过于灵敏,使汽车的操纵稳定性变差。

液压系统本身所固有的液压油泄漏问题和转向噪声使得转向舒适性大大下降,同时对环境造成污染。由于液压助力转向系统工作可靠、技术成熟,能提供较大的转向助力,目前被广泛应用。

3)电液助力转向系统

电液助力转向系统的转向助力特性在工作时可以改变,它主要有两种类型:电控液压助力转向系统和电动液压助力转向系统。目前汽车上应用最多的是电动液压助力转向系统。电控液压助力转向系统是在液压助力转向系统基础上增加了控制液体流量的电磁阀、转矩传感器、车速传感器以及转向控制单元等元件。在理想情况下,汽车在原地转向时要求转向尽量轻便,在汽车以不同的速度运行时,能实时提供相应的转向助力以克服该运行速度下的转向阻力,使驾驶员既能轻便地操纵转向盘,又有足够的路感。

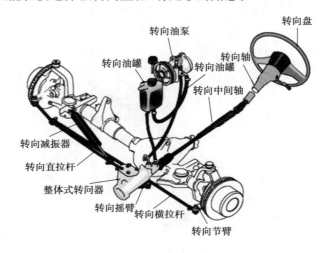

图 5.5　电液助力转向系统

如图 5.5 所示为电液助力转向系统,在转向过程中,存在着由于油泵的持续工作所造成的多余能量消耗,整个液压系统占用空间大、容易泄漏、噪声大等缺点,而且增加了车速检测控制装置。而且控制阀的结构较 HPS 复杂且成本较高,目前主要应用于高级汽车及运动型乘用车上。

电动液压助力转向系统也是在液压助力转向系统基础上发展起来的。其特点是将原来由发动机驱动的液压助力泵改由电动机驱动,并且增加了车速传感器、转向角速度传感器以及转向控制单元等电控装置。该系统的液压储油罐、油泵、电动机和转向控制单元都集成在电动机油泵组内。工作时转向控制单元根据汽车的行驶速度和转向盘转向角度等输入信号计算出理想的输出信号,控制电动机输出适当的功率,驱动液压助力泵工作。通过液压油为转向器提供助力。与液压助力转向系统相比,它节省了发动机的燃油消耗,提高了经济性。

电液助力转向系统尽管在液压助力转向系统基础上有了较大的技术改进,但液压装置的存在使得该系统仍有难以克服的缺点,如存在渗油、不便于安装维修等。虽然实现了变助力特性,但该系统在液压助力系统基础上又增加了电子控制装置,使得系统结构复杂,成本增加。由于电液助力转向系统技术较为成熟,可以实现整车电控系统的一体化,作为传统液压助力转向系统向电动助力转向系统过渡的中间技术,在一定时间内还将继续得到应用和发展。

4)电动助力转向系统

电动助力转向系统是在传统机械转向系统的基础上,增加了传感器装置、电子控制装置和转向助力机构等。其特点是使用电动执行机构在不同的驾驶条件下为驾驶员提供合适的助力。如图 5.6 所示,系统主要由电子控制单元 ECU、扭矩传感器、车速传感器、电动机、离合器和转向柱总成等组成。

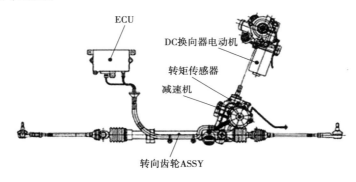

图 5.6　电动式动力转向系统

EPS 与 HPS 相比,除节省能源外,由于取消了液压系统而提高了环保性能,很好地解决了液压传动带来的种种弊端。整套系统由生产厂家一起提供给整车生产厂,可以直接安装。对不同车型、不同工况以及不同驾驶员所需的不同转向助力特性,可通过软件修改,方便快捷。完整的 EPS 系统还包括故障诊断与安全保护系统。当发生故障时,能停止助力,自动恢复到手动控制方式并发出警报信号,同时显示所记忆的异常内容,如扭矩传感器本身异常、车速传感器异常、电动机工作异常以及蓄电池异常等。

电动助力转向系统已成为目前汽车转向系统技术发展的主流,但是该系统也有其局限性,由于电动机的发电功率和提供的转向助力很有限,如果车身较重,转向系统需要有较大的驱动力量,电动助力转向系统就显得力不从心了。所以该系统多用于小型汽车上,目前已大量装备到中高级汽车上,并逐渐向普通型汽车和小型商用汽车发展。

5.1.2　转向系统的主要参数

转向系统是用来保持或者改变汽车行驶方向的机构,在汽车转向行驶时,保证各转向轮之间有协调的转角关系。

转向系统提出的要求有:汽车转弯时,保证全部车轮绕一个瞬时转向中心行驶,使在不同圆周上运动的车轮做无滑动的纯滚动运动。同时,为达到总体布置要求的最小转弯直径值,转向轮应有足够大的转角。汽车转向行驶后,在驾驶员松开转向盘的条件下,转向轮能自动返回到直线行驶位置,并稳定行驶。汽车在任何行驶状态下,转向轮不得产生自振,转向盘没有摆动。转向传动机构和悬架导向装置共同工作时,由于运动不协调使车轮产生的摆动应最小,保证汽车有较高的机动性。转向轮碰撞到障碍物以后,传给转向盘的反冲力要尽可能小。转向器和转向传动机构的球头处,有消除因磨损而产生间隙的调整机构。在车祸中,当转向轴和转向盘由于车架或车身变形而共同后移时,转向系统应有能使驾驶员免遭或减轻伤害的防伤装置,应进行运动校核,保证转向盘与转向轮转动方向一致。

(1)转向系统角传动比

转向盘转角的增量与同侧转向节转角的相应增量之比称为转向系统角传动比,用 i_w 表示。而转向盘转角和转向摇臂摆角之比用 i_1 表示,称为转向器角传动比。转向摇臂摆角与同侧转向轮偏转角之比 i_2 称为转向传动机构角传动比。显然 $i_w = i_1 \times v_2$ 越大,则克服一定的地面转向阻力所需的转向盘上的转向力矩便越小,转向操纵轻便,但操纵灵敏度就会下降。但 i_w 不能过大,过大将导致转向操纵不够灵敏,即转向盘转动的圈数增加。

(2)转向时车轮运动规律

汽车转向时,内侧车轮和外侧车轮滚过的距离是不等的。对于前置后驱汽车而言,后桥左、右两侧的驱动轮由于差速器的作用,能够以不同的转速滚过不同的距离。但前桥左、右两侧的转向轮要滚过不同的距离,必然要引起车轮沿路面边滚动边滑动,致使转向时的行驶阻力增大,轮胎磨损增加。为避免这种现象,要求转向系统能保证在汽车转向时,所有车轮均做纯滚动。显然,这只有在转向时,所有车轮的轴线都交于一点方能实现。此交点 O 称为汽车的转向中心,如图 5.7 所示。

转向盘打到底,由转向中心 O 到外转向轮与地面接触点的距离 R 称为汽车最小转弯半径。转弯半径 R 越小,则汽车转向所需要的场地就越小,汽车的机动性也越好。从图 5.7 可以看出,当外侧车轮转向角达到最大值时(转向盘打到底),转弯半径 R 最小。

汽车内侧车轮转向角一般在 35°~42°,汽车的最小转弯半径一般为 5~12 m。

汽车的转向操纵性能并不完全取决于转向系统,它还与行驶系统有关。汽车在直线行驶中,转向轮会受到偶然出现的地面侧向反力而发生意外偏转,从而使汽车意外地转向。为了使汽车能稳定地保持直线行驶,要求转向轮偶然发生偏转后,能立即自动回复到直线行驶的位置。前面所讲的转向车轮定位即是保证转向轮自动回正性能的结构措施之一。此外,悬架导向装置的结构和布置以及轮胎的径向和侧向刚度都对汽车的转向操纵性有很大影响。

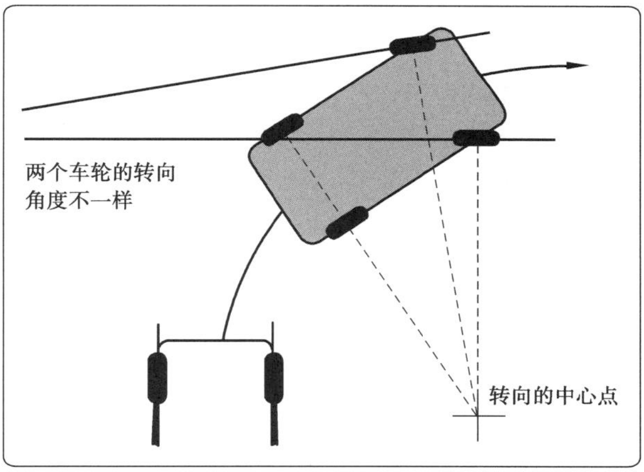

图 5.7　转向时车轮远动规律

（3）转向盘自由行程

当汽车处于直线行驶时,转向盘为消除间隙而克服弹性变形所转过的角度,称为转向盘自由行程。在驾驶汽车过程中,向左或向右打方向,不使转向轮发生偏转而转向盘所能转过的角度。转向盘自由行程对于缓和路面冲击,使驾驶员操纵柔和,防止驾驶员过度紧张等是有利的,但不宜过大,以免过分影响转向灵敏性和产生转向摇摆现象。

转向盘从对应于汽车直线行驶的中间位置向任何一个方向的自由行程应为10°～15°,当超过25°时,必须进行调整。转向盘自由行程过大是由于转向系各机件之间装配不当或机件磨损所致。如果转向盘自由行程超过规定值时,应检查转向拉杆接头、转向节球头、转向器齿轮齿条是否磨损或损坏,零件安装或连接是否松动,如有不良,应更换相应零件。

任务 5.2　机械式转向系统检查

5.2.1　机械式转向系统

（1）工作原理

机械式液压助力系统主要包括齿轮齿条转向结构和液压系统（液压助力泵、液压缸、活塞等)两部分。工作原理是通过液压泵(由发动机皮带带动)提供油压推动活塞,进而产生辅助力推动转向拉杆,辅助车轮转向。

(2)转向器的类型

转向器(也常称为转向机)是完成由旋转运动到直线运动(或近似直线运动)的一组齿轮机构,同时也是转向系统中的减速传动装置。历史上曾出现过许多种形式的转向器,目前较常用的有齿轮齿条式、蜗杆曲柄指销式、循环球齿条齿扇式、循环球曲柄指销式、蜗杆滚轮式等。其中第二、第四种分别是第一、第三种的变形形式,而蜗杆该轮式则更少见。我们只介绍目前最常用、最有代表性的齿轮齿条式。

齿轮齿条式的最大特点是刚性大,结构紧凑,质量轻,且成本低。由于这种方式容易由车轮将反作用力传至转向盘,所以具有对路面状态反应灵敏的优点,但同时也容易产生摆振等现象。齿轮与齿条直接喷合,将齿轮的旋转运动转化为齿条的直线运动,使转向拉杆横向拉动车轮产生偏转。齿轮并非单纯的平齿轮,而是特殊的螺旋形状,这是为了尽量减小齿轮与齿条之间的喷合间隙,使转向盘的微小转动能够传递到车轮,提高操作的灵敏性,也就是我们通常所说的减小转向盘的旷量。不过齿轮啮合过紧也并非好事,它会使转动转向盘时的操作力过大,人会感到吃力。

(3)转向器的组成部分

1)两端式齿轮齿条转向器
两端输出的齿轮齿条式转向器如图5.8所示,作为传动副主动件的转向齿轮轴11通过轴承12和13安装在转向器壳体5中,其上端通过花键与万向节10和转向轴连接。与转向齿轮啮合的转向齿条4水平布置,两端通过球头座3与转向横拉杆1相连。弹簧7通过压块9将齿条压在齿轮上,保证无间隙啮合。弹簧的预紧力可用调整螺塞6调整。当转动转向盘时,转向器齿轮11转动,使与之啮合的齿条4沿轴向移动,从而使左右横拉杆带动转向节左右转动,使转向车轮偏转,从而实现汽车转向。

2)中间式齿轮齿条转向器
中间输出的齿轮齿条式转向器,其结构及工作原理与两端输出的齿轮齿条式转向器基本相同,不同之处在于它在转向齿条的中部用螺栓与左右转向横拉杆相连。在单端输出的齿轮齿条式转向器上,齿条的一端通过内外托架与转向横拉杆相连。循环球式转向器是目前国内外应用最广泛的结构形式之一,一般有两级传动副,第一级是螺杆螺母传动副,第二级是齿条齿扇传动副。

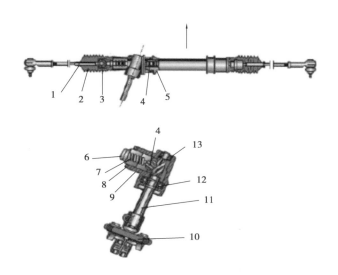

图 5.8 两端式齿轮齿条转向器

1—转向横拉杆；2—防尘套；3—球头座；4—转向齿条；5—转向器壳体；

6—调整螺塞；7—压紧弹簧；8—锁紧螺母；9—压块；10—万向节；

11—转向齿轮轴；12—向心球轴承；13—滚针轴承

如图 5.9 所示，为了减少转向螺杆和转向螺母之间的摩擦，二者的螺纹并不直接接触，其间装有多个钢球，以实现滚动摩擦。转向螺杆和螺母上都加工出断面轮廓为两段或三段不同心圆弧组成的近似半圆的螺旋槽。二者的螺旋槽能配合形成近似圆形断面的螺旋管状通道。螺母侧面有两对通孔，可将钢球从此孔塞入螺旋形通道内。转向螺母外有两根钢球导管，每

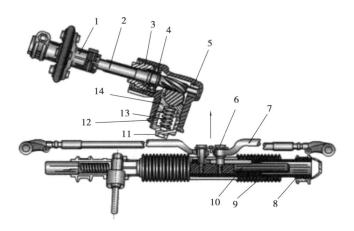

图 5.9 中间式齿轮齿条转向器

1—万向节；2—转向齿轮轴；3—调整螺母；4—向心球轴承；

5—滚针轴承；6—固定螺栓；7—转向横拉杆；8—转向器壳体；

9—防尘套；10—转向齿条；11—调整螺塞；12—锁紧螺母；13—压紧弹簧；14—压块

根导管的两端分别插入螺母侧面的一对通孔中。导管内也装满了钢球。这样,两根导管和螺母内的螺旋管状通道组合成两条各自独立的封闭的钢球"流道"。转向螺杆转动时,通过钢球将力传给转向螺母,螺母即沿轴向移动。同时,在螺杆及螺母与钢球间的摩擦力偶作用下,所有钢球便在螺旋管状通道内滚动,形成"球流"。在转向器工作时,两列钢球只是在各自的封闭流道内循环,不会脱出。在单端输出的齿轮齿条式转向器上,齿条的一端通过内外托架与转向横拉杆相连。

5.2.2　机械转向器拆卸与维护

（1）机械转向器拆卸

下面以奇瑞 A3 转向机总成的拆卸流程为例,图解转向机总成拆卸步骤。

①举升车辆,使用扳手拆下波纹管前端的螺母和螺栓。如图 5.10 所示,力矩为(17 ±1)N·m。

图 5.10　拆卸波纹管

②拔下三元催化转化器前的橡胶圈。

③拔下三元催化转化器后的橡胶圈。

④使用套筒和棘轮扳手拆下三元催化转化器和波纹管之间的两颗与车身连接的螺栓。力矩为(13 ±1)N·m。

⑤拔下后消声器与车身吊钩连接的橡胶圈,然后抬下排气管。

⑥如图 5.11 所示,使用梅花扳手拆下左横拉杆球头与转向节连接的螺母。力矩为(35 ±3)N·m。

图 5.11　拆下左横拉杆球头与转向节连接的螺母

⑦使用套筒和棘轮扳手拆下左前轮轮速传感器螺栓,如图 5.12 所示,力矩为(10±1)N·m;从左前轮减震器上拔下轮速传感器线;拔下左前轮轮速传感器线。

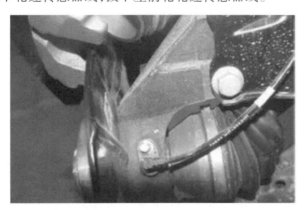

图 5.12　拆下传感器

⑧用扳手拆下转向节与下摆臂球头的螺母,如图 5.13 所示,力矩为(120±10)N·m。

图 5.13　拆下转向节与下摆臂球头的螺母

⑨如图 5.14 所示,将左前制动分泵用绳子从中间穿过并固定在车上,固定好的位置不能影响拆卸。

图 5.14　固定左前制动分泵

⑩如图 5.15 所示,将左驱动轴从左转向节拔出,并用绳子扎起来。

图 5.15　取出左驱动轴

⑪如图 5.16 所示,使用卡箍钳将图中圈出的动力转向回油管卡箍拆下,拆卸时需准备好容器回收。

图 5.16　油管卡箍拆下

⑫如图 5.17 所示,使用开口扳手拆下图中圆圈处的动力转向进油管螺母。力矩为 (11 ±3)N·m。

图 5.17　拆下油管螺母

⑬如图 5.18 所示,使用套筒和棘轮扳手拆下转向万向节与转向器连接的螺栓。力矩为 (30 ±3)N·m。

图 5.18　拆下转向万向节与转向器连接的螺栓

⑭使用套筒、棘轮扳手、梅花扳手拆下图 5.19 所示的螺母和螺栓。力矩为(90 ±5)N·m。

图 5.19　拆下螺帽螺栓

⑮使用液压升降输送器顶住前桥。

⑯如图 5.20 所示,用扳手拆下图中圈出的车身与副车架连接的螺栓。力矩为(110±10)N·m。

图 5.20　拆下车身与副车架连接的螺栓

⑰如图 5.21 所示,用扳手拆下图中圈出的车身与前副车架连接的螺栓。力矩为(110±10)N·m。

图 5.21　拆下车身与前副车架连接的螺栓

⑱在发动机舱内用扳手拆下减震器与车身壳体连接的 3 个螺母。力矩为(50±5)N·m。

⑲如图 5.22 所示,使用液压升降输送器将前桥放下,取下前桥、悬挂和转向器。

图 5.22　取下前桥、悬挂和转向器

⑳如图 5.23 所示,使用套筒、棘轮扳手拆下副车架与转向器左侧连接螺栓。力矩为(100±10)N·m。

图 5.23　拆下副车架与转向器左侧连接螺栓

㉑如图 5.24 所示,使用套筒、棘轮扳手拆下副车架与转向器右侧连接螺栓。力矩为(100±10)N·m。

图 5.24　拆下副车架与转向器右侧连接螺栓

㉒取下如图 5.25 所示的转向器总成。

图 5.25　转向器总成

a.拆卸分解时,应先在转向齿条端头与横拉杆连接处打上安装标记。

b.拆卸转向齿条端头,但不能碰伤转向齿条的外表面。

c.拆下转向齿条导块组件后,拉住转向齿条,使齿对准转向齿轮,再拆卸转向齿轮;最后抽出转向齿条。抽出时,注意不能让转向齿条转动,防止碰伤齿面。

(2)机械转向器零件检修

①零件出现裂纹应更换,横拉杆、转向齿条在总成修理时应进行隐伤检验。

②转向齿条的直线度误差不得大于0.30 mm。

③齿面上需无疲劳剥蚀及严重的磨损。若出现左右大转角时转向沉重,且又无法调整时应更换转向齿条。

④更换转向齿轮轴承。

(3)齿轮齿条式机械转向器的装配与调整

安装转向齿轮:

①将上轴承和下轴承压在转向齿轮轴颈上,轴承内座圈与齿端之间应装好隔圈。

②把油封压入调整螺塞。

③将转向齿轮及轴承块压入壳体。

④装上调整螺塞及油封,并调整转向齿轮轴承紧度。手感应无轴向窜动,转动自如,转向齿轮的转动力矩符合原厂规定,一般约为0.5 N·m。

⑤按原厂规定扭矩紧固锁紧螺母,并装好防尘罩。

⑥装入转向齿条。

⑦安装齿条衬套,转向齿条与衬套的配合间隙不得大于0.15 mm。

⑧装入转向齿条导块、隔环、导块压紧弹簧、调整螺塞(弹簧帽)及锁紧螺母。

⑨调整转向齿条与转向齿轮的啮合间隙,也称转向齿条的预紧力。因结构的差异,调整方法也有所不同。但常见的方法有两种:一种是改变转向齿条导块与盖之间的垫片厚度来调整转向齿条与转向齿轮轮齿的啮合深度,完成预紧力的调整;另一种方法是用盖上的调整螺塞改变转向齿条导块与弹簧座之间的间隙值,完成啮合深度,即预紧力的调整。

预紧力的调整步骤:

a.先不装弹簧以及壳体与盖之间的垫片,进行间隙值的调整,使转向齿轮轴上的转动力矩为1～2 N·m。

b.然后用厚薄规测量间隙值,如图5.26所示。

c.在间隙值上加0.05～0.13 mm,此值就是应加垫片的总厚度,也就是转向齿条和转向齿轮合格的啮合间隙所要求的垫片总厚度。

安装垫圈和转向齿条端头时,应特别注意转向齿条端头和齿条的连接必须紧固、锁止可靠。

安装横拉杆和横拉端头,并按原厂规定检查调整左、右横拉杆的长度,以保证转向轮前束正确;另外,横拉杆端头球销的夹角应符合原厂规定;调整合格后,必须按原厂规定的扭矩紧固并锁止横拉杆夹子。

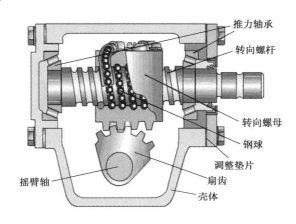

图 5.26　用厚薄规测量间隙值

5.2.3　机械式转向系统的故障诊断与维修

(1)机械转向系统故障诊断

机械转向系统的常见故障部位主要有:转向盘自由行程、转向传动机构连接处、转向器等。机械转向系统的常见故障主要包括:转向沉重、转向盘自由行程过大和转向轮抖动。

1)故障现象

汽车行驶中,驾驶员向左、右转动转向盘时,感到沉重费力,无回正感;汽车低速转弯行驶和调头时,转动转向盘感到非常沉重,甚至打不动。

2)故障原因及处理办法

转向沉重的根本原因是转向轮气压不足或定位不准,转向系统传动链中出现配合过紧或卡滞而引起摩擦阻力增大。具体原因主要有:

①转向轮轮胎气压不足,应按规定充气。

②转向轮本身定位不准或车轴、车架变形造成转向轮定位失准,应校正车轴和车架,并重新调整转向轮定位。

③转向器主动部分轴承调整过紧或从动部分与衬套配合太紧,应予调整。

④转向器主、从动部分的啮合间隙调整过小,应予调整。

⑤转向器缺油或无油,应按规定添加润滑油。

⑥转向器壳体变形,应予校正。

⑦转向管柱转向轴弯曲或套管凹瘪造成互相碰擦,应予修理。

⑧转向纵、横拉杆球头连接处调整过紧或缺油,应予调整或添加润滑脂。

⑨转向节主销与转向节衬套配合过紧或缺油,或转向节止推轴承缺油,应予调整或添加润滑脂等。

（2）转向盘自由行程过大

1）故障现象

汽车保持直线行驶位置静止不动时,转向盘左右转动的游动角度太大。具体表现为汽车转向时感觉转向盘松旷量很大,需用较大的幅度转动转向盘,方能控制汽车的行驶方向,而在汽车直线行驶时又感到行驶方向不稳定。

2）故障原因及处理办法

转向盘自由行程过大的根本原因是转向系传动轴中一处或多处的配合因装配不当、磨损等原因造成松旷。具体原因主要有：

①转向器主、从动啮合部位间隙过大或主、从动部位轴承松旷,应予调整或更换。

②转向盘与转向轴连接部位松旷,应予调整。

③转向垂臂与转向垂臂轴连接松旷,应予调整。

④纵、横拉杆球头连接部位松旷,应予调整或更换。

⑤纵、横拉杆臂与转向节连接松旷,应予调整或更换。

⑥转向节主销与衬套磨损后松旷,应予更换。

⑦车轮轮毂轴承间隙过大,应予更换等。

（3）转向轮抖动

1）故障现象

汽车在某低速范围内或某高速范围内行驶时,出现转向轮各自围绕自身主销进行角震动的现象。尤其是高速时,转向轮摆振严重,握转向盘的手有麻木感,甚至在驾驶室可看到汽车车头晃动。

2）故障原因及处理办法

转向轮抖动的根本原因是转向轮定位不准,转向系统连接部件之间出现松旷,旋转部件运转不平衡。具体原因主要有：

①转向轮旋转质量不平衡或转向轮轮毂轴承松旷,应予校正动平衡或更换轴承。

②转向轮使用翻新轮胎,应予更换。

③两转向轮的定位不正确,应予调整或更换部件。

④转向系统与悬挂的运动发生干涉,应予更换部件。

⑤转向器主、从动部分啮合间隙或轴承间隙太大,应予调整或更换轴承。

⑥转向器垂臂与其轴配合松旷或纵、横拉杆球头连接松旷,应予调整或更换。

⑦转向器在车架上的连接松动,应予紧固。

⑧转向轮所在车轴的悬挂减震器失效或左右两边减震器效能不一,应予更换。

⑨转向轮所在车轴的钢板弹簧 U 形螺栓松动或钢板销与衬套配合松旷,应予紧固或调整。

⑩转向轮所在车轴的左右两悬挂的高度或刚度不一,应予更换等。

（4）转向噪声

1）故障现象

汽车转向时,转向系出现过大的噪声。

2）故障原因及处理办法

装有动力转向系统的汽车,在发动机起动后,转向助力泵的溢流阀中出现液流噪声是正常的,但噪声过大甚至影响转向性能时,该噪声应视为故障。因助力系统引起转向噪声的原因主要是:

①转向泵损坏或磨损严重,应予修理或更换。

②转向泵传动带打滑,应予调整或更换。

③控制阀性能不良,应予检修。

④系统中渗入空气,应予排气。

⑤管道不畅,应予检修等。

（5）转向仪器检测

转向系的常用诊断参数有:转向盘最大自由转动量（即转向盘自由行程）、转向盘外缘最大转向切向力（即转向盘最大转向力,N）、转向轮最大转向角（°）、汽车最小转弯半径（m）、转向轮定位参数等。对于前轮转向的汽车,转向轮定位参数包括主销后倾角、主销内倾角、前轮外倾角和前轮前束,即我们常说的前轮定位。转向轮定位的检测在行驶系统中介绍。转向轮定位应该是行驶系统的内容,但由于该参数的改变,既可能造成行驶系统故障（如轮胎异常磨损）,也可能造成转向系统故障（如转向沉重）,因此转向轮定位参数通常也作为转向系统的诊断参数。

依靠人工经验很难判断转向盘的转向力和自由转动量是否正确,可以使用专门仪器来检测。

1)转向盘转向力的检测

转动操纵盘,转向力通过底板、力矩传感器、连接叉传递到被测转向盘上,使转向盘转动。此时,力矩传感器将转向力矩变成电信号,而定位杆内嘴连接的光电装置则将转角的变化转变为电信号。这两种电信号由微机自动完成数据采集、转角编码、运算、分析、存储、显示和打印,因而该仪器既可测得转向力,又可测得转向盘转角。转向力的检测可按转向轻便性试验方法进行,一般有原地转向力试验、低速大转角("8"字行驶)转向力试验、弯道转向力试验等,可参照有关国家标准的规定进行检测。

2)转向盘自由转动量的检测

转向盘自由转动量又可称为转向盘自由行程,是指汽车保持直线行驶位置不动时,左右晃动转向盘时的自由转动量(游动角度)。GB 18565—2016 中规定:最大设计车速大于或等于100 km/h的汽车,转向盘自由转动量最大为20°。最大设计车速小于 100 km/h 的汽车,转向盘自由转动量最大为30°。转向盘自由转动量是一个综合诊断参数,当其超过规定的值时,说明从转向盘至转向轮的传动链中有一处或几处的配合出现松旷。转向盘自由转动量过大时,将造成驾驶员工作紧张,并影响行车安全。

转向盘自由转动量可采用专用检测仪进行检测(转向参数测量仪也能检测)。简易的转向盘自由转动量检测仪由刻度盘和指针两部分组成。刻度盘通过磁力座吸附在驾驶室仪表盘或转向管柱上,指针则固定在转向盘的周缘上;也可将指针通过磁力座固定在仪表板或转向管柱上,而刻度盘固定在转向盘周缘上。使用该种检测仪时,应使汽车保持直线行驶位置不动,转动转向盘至一侧极限位置,将刻度盘归零,再轻轻转动转向盘至行程另一侧极限位置,指针所示刻度即为转向盘自由转动量。

(6)机械转向系的维修

转向操纵机构的维护和修理作业主要包括:清洁部件外部,检查转向管柱与转向盘、转向器的花键连接是否松动或磨损,视情况予以更换。检查转向传动轴万向节有无松动、磨损,视情况予以更换。

(7)转向器的维护

①检查转向器固定是否可靠,有无漏油现象。若有,应将转向器可靠固定,找出漏油原因并加以排除。

②检查转向器外壳是否破裂,视情况焊补或更换。

③检查调整齿轮、齿条配合间隙。

④检查调整转向盘自由行程。以循环球式转向器为例：松摇臂轴上调整螺栓的锁紧螺母，拧动调整螺栓，使自由行程满足 ±15°，然后将调整螺栓锁止。

⑤紧固。按规定力矩紧固转向器螺钉、转向器与车架的固定螺钉、转向管柱固定螺钉等。

⑥润滑。转向器润滑油一般每隔 8 000 km 检查添加，48 000 km 更换；每隔 2 000 km 润滑转向传动轴。

（8）转向传动机构的维修

1）拆卸与分解

①分开转向摇臂与直拉杆。

②在转向摇臂与据臂轴之间做好装配记号，拆下转向摇臂。

③拆下转向直拉杆总成并分解。

④拆下转向横拉杆总成并分解。

2）检修

①检查转向摇臂或上端花键有无裂纹或损坏，若有应更换。

②检查转向摇臂锁紧螺母有无损伤，若有应更换。

③各球头销、销座及球碗应无裂纹，球头销颈部磨损不超过 1 mm，球面磨损失圆不超过 0.50 mm，否则应更换。

④球头销螺纹应无损伤，否则应更换；球头销弹簧不应有弹力减弱或折断现象，否则应更换。

⑤检查转向节应无裂纹，轴颈与轴承的配合间隙符合要求。

⑥防尘装置应齐全、有效。

3）装配

①安装转向直拉杆总成。将弹簧座、弹簧和上球头座依次装入转向直拉杆端头的支承孔。将球头销的球头涂上润滑脂，从转向直拉杆侧面的大孔中装入。放入球头座，拧入螺塞；拧紧时先将螺塞拧到底，再退回 1/5 ~ 1/2 圈，然后用开口销锁住调整螺塞。装上油封和护套。装配转向直拉杆的另一端。将转向直拉杆的两个球头销分别装到转向摇臂和转向节上臂锥孔内，按规定力矩拧紧球头销螺母，装好开口销。

②安装转向横拉杆总成：将转向横拉杆接头夹在虎钳上，装入上球头座。将球头销涂上润滑脂，使球头销穿过上球头座中心孔后落入球头座，再依次装入球头座、弹簧座和弹簧，拧上螺塞；拧紧时先将螺塞拧到底，再退回 1/5 ~ 1/2 圈，然后用开口销锁住调整螺塞。在头销端装入油封、密封罩和油盖，并装配另一端转向横拉杆接头总成。分别将左、右横拉杆接头总成装到横拉杆的两端，并拧紧左右横拉杆接头的 4 个螺栓。把转向横拉杆总成装到左、右

梯形臂的锥孔内,按规定力矩拧紧球头销螺母,装好开口销。

③将转向摇臂上端套入转向摇臂轴,对正装配记号,将轴端螺母拧紧。

任务5.3　液压助力转向系统检查

5.3.1　液压助力式转向系统

(1)工作原理

转向助力装置主要由转向油泵、转向油罐、转向控制阀、机械转向器和转向动力缸等组成。其工作过程为,驾驶员转动转向盘,通过转向传动机构将动力传递给转向轮上的转向节臂,使转向轮偏转从而改变汽车的行驶方向。

与此同时,转向器输入轴带动转向器内部的转向控制阀转动,使转向动力缸产生液压作用力,帮助驾驶员进行转向操纵。这样,为了克服地面作用于转向轮上的转向阻力矩,驾驶员需要加于转向盘上的转向力矩,比用机械转向系统时所需的转向力矩小得多。

转向助力装置按传能介质不同,可分为液力式和气压式两种。由于液压系统的工作压力高,部件尺寸小,工作无噪声,工作滞后时间短,而且能吸收来自不平路面的冲击,所以转向助力装置多采用液压形式的。液压转向助力装置按液流形式不同又可分为常压式和常流式两种。

(2)转向助力装置的类型

1)常压式转向助力装置

常压式转向助力装置的特点是液压系统的工作管路总是保持高压状态。当转向盘处平中立位置时,转向控制阀是关闭状态,此时,转向油泵输出的压力油充入储能器内,当储能器的压力达到转向控制阀开启压力时,储能器的压力油便流入转向动力缸,产生推力以助转向。当转向盘回位停止转动时,转向控制阀关闭 ,助力作用停止。

常压式转向助力装置与常流式相比,液压元件较多结构较复杂。又由于油泵长期处于工作状态,磨损大,降低了油泵的使用寿命,即使在转向阻力较小时,也需消耗较大的功率。所以目前应用较少,如图5.27所示。

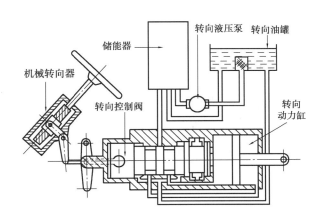

图 5.27　常压式液压转向助力装置工作原理示意图

2）常流式转向助力装置

常流式转向助力装置的特点是液压系统工作管路中的油液总是在流动,压力较低,只有在转向时才产生瞬间高压。当转向盘处于中间位置时,流量控制阀保持开启,转向动力缸活塞两侧压力相等,不产生动作,油泵空转,油液处于低压流动状态。当驾驶员转动转向盘时,机械转向器工作,同时带动转向控制阀工作,处于与某一转弯方向相应的工作位置,此时转向动力缸相应的工作腔与回油管路隔绝,压力急剧升高(此时与油泵输出管路相通),而另一工作腔则仍然与回油管路相通,压力较低,转向动力缸活塞在压力差的作用下移动,从而产生推力。当转向盘停止转动后,转向控制阀随即回到中间位置,动力缸停止工作。

常流式转向助力装置由于结构简单,油泵不经常处于工作状态,使用寿命长,漏油少,消耗功率也小,所以在国内外得到广泛应用,如图 5.28 所示。

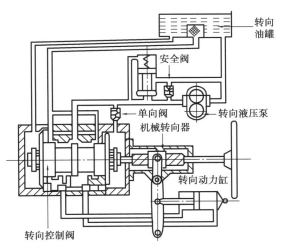

图 5.28　常流式液压转向助力装置工作原理示意图

139

（3）转向助力装置的组成部分

1）转向液压泵

转向液压泵是液压式动力转向的能源，一般由发动机驱动，其作用是将输入的机械能转换成液压能输出。其根据内部结构不同可分为齿轮泵、叶片泵和转子泵等几种形式。齿轮式液压泵的构造及工作原理与发动机润滑系统的齿轮式机油泵类似。叶片式和转子式液压泵示意图如图5.29所示。

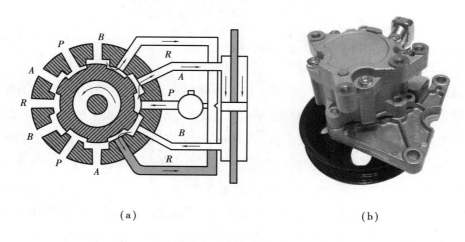

（a）　　　　　　　　　　　　（b）

图5.29　转向液压泵

汽车液压助力式转向系统所用的转向液压泵多为叶片式液压泵，这种液压泵具有结构紧凑、质量轻、性能稳定、转速范围大、效率高、可靠耐用、维修方便等优点。因此，汽车液压助力转向系统广泛采用叶片式转向液压泵来保证液压助力转向系统的工作压力。叶片式转向液压泵俗称刮片泵，它主要由定子、转子及叶片等组成。定子具有圆柱形内表面，转子上均分布着径向切槽。矩形叶片安装在转子槽内，并且可在转子槽内滑动。矩形叶片两端与配油盘端面间隙配合，形成由转子外表面、定子内表面、叶片和配油盘组成的密封工作容积，如图5.30所示。

2）转向控制阀

转向控制阀按控制阀阀芯的运动方式不同可分为转阀式和滑阀式两种。

①转阀式转向控制阀

阀体绕其圆心转动来控制油路的称为转阀式转向控制阀。主要由阀体、阀套、阀芯及扭杆等组成。阀套制成圆筒形，外表面切有3条较宽深的和3条较浅窄的环形槽。宽深的槽是油槽，其底部有与内壁相通的孔。窄浅的槽用于安装密封圈。阀套与转向齿轮制成一体。

阀芯也呈圆筒形,其外表面与阀套间隙配合,两者可以相对转动。阀芯与阀套组成偶件,配合间隙很小,配合精度很高,不可单独更换。阀芯通过销与扭杆和同转向轴相连,因而转向轴可通过扭杆带动转向齿轮转动。

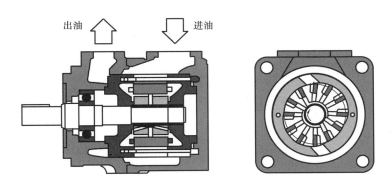

图 5.30   叶片泵

扭杆弹簧安装在阀芯的孔中,转向时由于转向阻力矩可使扭杆弹簧产生弹性变形。

该转阀具有四个互相连通的进油口,上下通道分别与动力缸的左、右腔连通。当阀芯顺时针转过一个很小的角度时,从液压泵流来的压力油经进油口流入四个通道,继而进入动力缸的一个腔内,动力缸的另一个腔内的低压油在活塞的推动下经出油口流回转向油罐,如图5.31 所示。

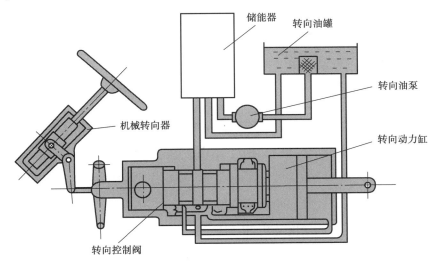

图 5.31   转阀式转向控制阀

②滑阀式转向控制阀

滑阀中的阀与阀体以轴向移动方式来控制油路的称为滑阀式转向控制阀。主要由调芯、阀套和阀壳等组成,如图 5.32 所示。

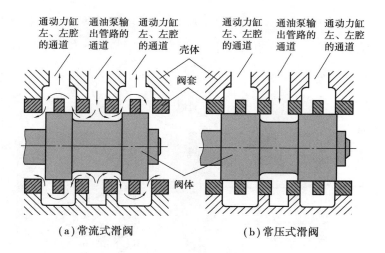

图 5.32　滑阀的结构

(4)常流转阀式液压助力转向系统的基本工作原理

常流转阀式液压助力转向系统主要由齿轮齿条式机械转向器、转向油泵、转阀式转向控制阀和转向动力缸几大部分组成。通常除油泵外将三者设计成一个整体,如图 5.33所示。

汽车向右转向时:驾驶员向右转动转向盘,带动转向轴使扭力杆顺时针转动,从而带动阀芯顺时针转过一个角度,阀套与阀芯同一凹槽所对的两进油孔,一个被打开另一个被关闭。如图 5.33(a)所示,转向油泵输送来的液压油只能从右侧进入转向动力缸,液压油的作用是将活塞及齿条推向动力缸左侧,对转向横拉杆起转向加力的作用,使转向轮向右偏转,实现汽车向右转弯。

停止转动转向盘并维持在某一位置不动时,扭力杆与阀芯也不再转动。但由于齿条因油压差作用继续左移,使转向齿轮连同阀套相对于阀芯反向转动,扭杆变形减小,阀芯与阀套的相对角位移减小,转向动力缸左右两腔油压差减小。减小了的油压差作用在活塞、齿条上,仅能克服转向轮的回正力矩,便使转向轮的偏转角维持不动。

转向过程中,转动转向盘的速度越快,扭力杆的扭转速度越快,阀芯相对于阀套偏转角速度也越快,转向动力缸左、右两腔形成压力差的速度加快,转向轮的偏转速度也相应加快,此作用即为液力系统的随动原理。

转向助力装置技术状况正常情况下,驾驶员作用于转向盘的转向力矩主要用来使弹性扭杆产生扭转变形,以控制转向过程。而克服路面转向阻力及转向传动结构摩擦阻力使转向轮偏转所需要的动力主要由转向动力缸提供。

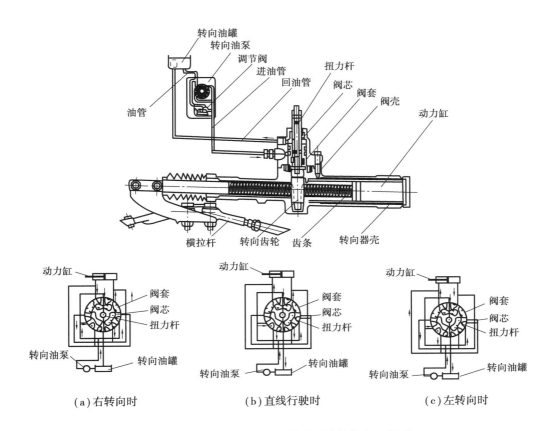

（a）右转向时　　　　　（b）直线行驶时　　　　　（c）左转向时

图 5.33　常流转阀式液压助力转向系统结构与工作原理

在维持的转向位置松开转向盘后,被扭转变形的扭力杆在其弹性下带动转向盘、阀芯自动回转一定角度恢复到直线行驶状态,转向动力缸停止工作;转向轮在回正力矩作用下自动回正。如果需要液压助力,驾驶员可以回转转向盘,使动力转向装置帮助转向轮回正。

转向时,动力缸内的油压随转向阻力变化,且又受控于扭力杆变形。转向阻力增大,扭力杆的扭转变形增大,阀芯相对于阀套的偏转角也随之增大,从而使动力缸内的油压升高;反之缸内油压降低,即扭力杆的扭转变形取决于转向阻力。在此过程中,使扭力杆产生扭转变形的转向力矩反应在转向盘上,即转向时驾驶员操纵转向盘的"路感"。

汽车直线行驶时:转向盘处于居中位置,阀芯不转动,阀芯的凹槽将阀套的油槽、油孔全部连通,转向油泵输送给阀套的液压油从阀套所有进油孔流入阀芯的两径向油孔,最后从阀芯第三个径向油孔流回转向油罐。因流经转向动力缸两侧油腔的油压相等,所以转向助力装置没有助力作用,如图 5.33(b)所示。

汽车直线行驶时,若路面作用力使转向轮偏转(设转向轮向右偏转、驾驶员仍保持转向盘处于直线行驶位置),转向阻力通过转向传动机构、齿条-活塞、齿轮作用于阀芯,使阀芯相对于不转动的阀套逆时针方向转动,如图5.33(c)所示,动力缸左腔油压升高,右腔油压降低,压力差作用在齿条-活塞上使其右移,并通过转向传动机构使转向轮向左偏转而回正。从而保证了汽车直线行驶的稳定性,并有效地避免了转向盘"打手"现象。

汽车向左转向时:弹性扭杆的扭转方向、阀芯相对于阀套的转动方向以及动力缸中齿条-活塞轴向移动的方向均与前述相反,使转向轮向左偏转,转向控制阀的伺服原理及伺服过程如图5.33(c)所示。

当转向助力装置失效时:此时靠人转动转向盘将扭力杆转过一定角度后,扭力杆端部凸缘上的弧形缺口抵住阀套端部叉形凸块,由转向轴直接带动齿轮转动,以保证汽车转向。这时带有转向助力装置的转向器即变为机械转向器,转向变得沉重,转向盘自由行程增大。

液力常流转阀式动力转向器的优点是灵敏度高,因而适用于高速行驶的汽车。

(5)常流滑阀式液压助力转向系统的基本工作原理

与转阀式相比,常流滑阀式液压助力转向系统仅仅是转向控制阀的结构不同,其他均相同。转向控制阀的两个阀芯(即左阀芯、右阀芯与扭力杆相互垂直;扭力杆端头与转向柱通过销钉连接,下端部也用销钉与阀体连接,阀体与转向器齿轮制成一体。阀芯由拨叉拨动,拨叉与转向柱相连,如图5.34所示。

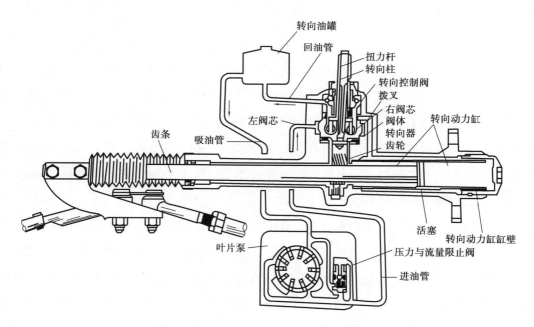

图5.34　常流滑阀式液压助力转向系统的结构

当汽车转向以较小的力作用于转向盘时,由于转向阻力影响,齿轮不转动只有扭力杆随转向往转动而扭转变形,转向柱转动时通过拨叉将阀芯在阀体上下拨动,从而启、闭通往转向动力缸左右两侧的进回油孔,使动力缸左右两侧形成压力差,实现转向加力作用。

5.3.2　液压动力转向系统主要元件的故障检修与维护

液压动力转向装置主要包括动力转向油泵和动力转向器等。

(1)动力转向油泵的结构与检修

1)动力转向油泵的结构

动力转向油泵为转子式,它主要由油泵壳体、油泵转子、油泵叶片、流量控制阀、安全阀以及油泵传动轴等组成。为使结构紧凑,转向油泵将流量控制阀、安全阀和油泵制成一体而成为整体式结构。流量控制阀用来控制油泵的输油量,安全阀用来控制油泵的输出压力。

2)动力转向油泵的检修

①检查流量控制阀是否有磨损、毛刺或其他对阀槽边缘的损坏现象。若有,则更换转向油泵总成。

②检查油泵壳体上的流量控制阀阀孔有无磨损、刮伤或其他损坏现象,若有,则需更换转向油泵总成。

③如图 5.35 所示,将流量控制阀装入油泵壳体阀孔内,检查流量控制阀在阀孔内是否移动自如。若有不良,则更换转向油泵总成。

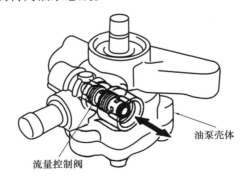

图 5.35　检查流量控制阀在阀孔内是否移动自如

④检查安全阀的工作压力。如图 5.36 所示,在安全阀座端连接一合适的软管,再将流量控制阀(连同安全阀)浸入盛有转向油或溶剂的容器中,然后给软管通以压缩空气,观察从阀体中冒出气泡时压缩空气的压力值。若上述检测压力低于 98 kPa,则应更换转向油泵总成。

⑤检查滚珠轴承有无磨损或转动不自如现象。若有,则应予更换。更换时,应如图 5.37 所示使用压力机将其从油泵传动轴上拆下。

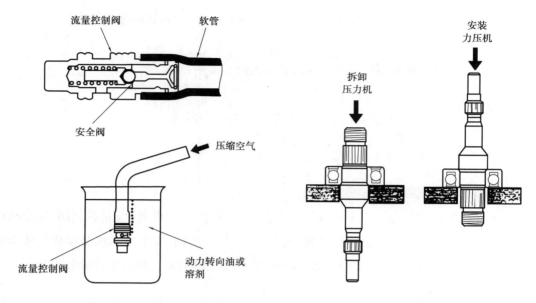

图 5.36 检查安全阀的工作压力　　　　　图 5.37 滚珠轴承的拆卸

（2）动力转向器的结构与检修

1）动力转向器的结构

如图 5.38 所示,转向器主要由壳体、转向螺母、摇臂轴、转向控制阀和一些密封件、标准件组成,壳体相当于一个动力油缸,转向螺母既是螺母,又是活塞和齿条,承担着液压助力,把液压能转化为机械力;摇臂轴则把机械力转化为力矩输出,带动横直拉杆实现车轮转动。转向控制阀负责油液的分配,按照驾驶员的意志负责提供车轮左转向或右转向的液压能源,相当于人的大脑指挥系统,是转向器的核心部件,也是转向器性能集中体现之所在。从机械结构看,它是典型的二级减速传动机构。第一级传动:由转向盘的旋转运动转化为转向螺母的直线运动;第二级传动:由转向螺母的直线运动,即齿条的移动转化为扇齿的旋转运动,从而输出力矩。根据人们驾驶车辆的习惯,减速范围一般取 16～24 m。

从液压结构看,它是典型的三位四通 H 型方向阀。汽车的行驶方向有三种:左转向、直线行驶、右转向,因此涉及的油路也必须和汽车行驶要求相一致。它的油路有四个通道,一个是进油通道,一个是回油通道,一个是左转向通道,一个是右转向通道。

2）全液压转向器常见故障分析与排除

①转向轮跑偏:机器工作时,未操纵转向盘,转向轮自动跑偏,不能保证直线行驶。主要原因是转向器内阀芯与阀套间的三对定位弹簧片折断,使阀套不能自动回到中立位置,转向器失去随动功能。此时,必须更换定位弹簧片。

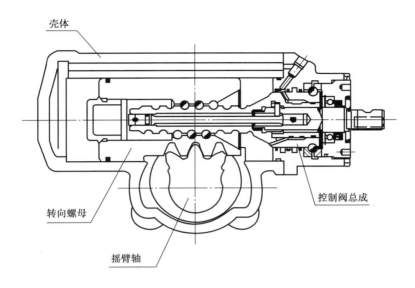

图 5.38　动力转向器的结构

②转向器轴端漏油：此故障是转向器阀芯外伸轴颈处 O 形密封圈失效引起，更换密封圈即可排除故障。若是密封圈处轴颈磨损，可采用电刷镀方法修复。

（3）液压动力转向系统的维护

1）转向液压油液面高度的检查

检查方法：检查时要求车辆停在平地上，是车轮处于直行位置。启动发动机，并使发动机达到正常工作温度后进行。使发动机怠速运转约 2 min，左、右打几次转向盘，使油温达到 50～80 ℃，关闭发动机。观察液面应处于 Max（上限）与 Min（下限）之间，当油液液面高度低于上述液位时，则需添加液压油，注意所加液压油必须与原液压油规格相同。

2）动力转向液压油的更换

①检查方法：因为液压动力转向系统的油液是在高温高压下工作的，容易变质，所以，即使油液看起来比较干净，也要定期更换，一般每行驶 40 000 km 应更换油液，尽量避免人工换油，多采用机器换油。

②换油方法：换油时，在转向系统加油时或转向系统混入空气时，需要将空气排出。排气的方法是先将油液注入油管规定的液面高度，然后启动发动机，将前轴顶起，发动机以怠速运转，卸下转向器下部的放油螺塞，左右打转向盘至极限位置数次，反复几次，并不断往油罐补充油液，同时，松开系统中的放气螺钉，直到油液充满整个系统，放气口没有气泡冒出，油罐内液面不再下降为止，然后拧紧放气螺栓。

3)动力转向系统密封性的检查

检查方法:转向系统密封性的检查应在热车时进行,将转向盘快速向左、右两侧转自极限位置(注意极限位置停留不得超过 5 s),并保持不动。目测检查转向控制阀、齿条密封(松开波纹管软管夹箍,再将波纹管推至一旁)、叶轮泵、油管接头是否有漏油现象,如有渗漏应更换密封件。同时检查观察各管路接头处是否漏油,管道是否有扭曲、破损、裂纹、凹瘪等现象。如有上述现象应更换管道。

4)转向油泵皮带张紧力的检查

一种快速检查方法:汽车停在干燥的路面上,运转发动机是油液上升到正常温度,左右转动转向盘,此时驱动皮带负荷最大,如果皮带打滑,说明皮带紧度不够或油泵内有机械损伤。另一种方法:关闭发动机,用手以约 100 N 的力从皮带的中间位置按下,皮带应有约10 mm挠度为合适,否则必须调整。汽车每行驶 1.5 万 km 时,应检查皮带的张紧力,必要时更换。皮带张紧力的调整方法:

①松开转向油泵支架上的固定螺栓。

②松开特别螺栓的螺母。

③通过张紧螺栓把皮带绷紧,当用以 100 N 的力从皮带的中间位置按下,皮带应有约10 mm挠度为合适。

④拧紧特别螺栓的螺母,拧紧转向油泵支架上的固定螺栓。

5)动力转向系统的检查

①转向操纵力的检查

检查方法:将汽车停放在水平干燥的路面上,油液温度达到 40~80 ℃,轮胎气压正常,并使前轮处于直线行驶位置。发动机怠速运转,将以弹簧秤钩在转向盘边缘上,拉动转向盘,检查转向盘左右转动一圈所需拉力变化,一般来说,如果转向盘操作力超过 44.5 N,说明动力转向工作不正常,应检查有无皮带打滑或损坏、转向油泵输出的油压或油量低于标准、油液中是否掺入空气、油管是否有压瘪或扭曲变形等故障。

②转向盘回位检查

检查时一边行驶一边观察下列各项:

a.缓慢或迅速转动转向盘,检查两种情况下转向盘的操作力有无明显差别,并检查转向盘能否回到中间位置。

b.使汽车以约 3.5 km/h 的速度行驶,将转向盘顺时针或逆时针转动 90°,然后放开手 1~2 s,如果转向盘能自动回转 70°以上,说明工作正常,否则应查明故障原因并予排除。

③转向油泵压力的检查

检查方法:将量程为 15 MPa 的压力表和节流阀串接到转向油泵和转向阀之间的管路中,启动发动机,如有需果,向储油罐中补充 ATF 油。启动发动机,使发动机怠速运转,转动转向盘数次。急速关闭节流阀(不超过 5 ~ 10 s),并读出压力数,额定值应为 6.8 ~ 8.2 MPa(桑塔纳 2000)。若压力足够,说明转向油泵正常;如果没有达到额定值,就应检查压力和限流阀是否完好。如果不正常就应该更换溢流阀、安全阀或更换转向油泵。

④系统压力的检查

检查方法:接好压力表和节流阀,将节流阀打来,启动发动机并以怠速运转,是转向盘向左、右旋转到极限位置,同时读出压力表上的压力,额定值为 6.8 ~ 8.2 MPa。如果向左、右的额定值达不到要求,就要修理转向器或更换总成。

5.3.3　液压式助力转向系统的故障诊断与维修

(1)转向冲击或震动

故障现象:当前轮达最大转向角时,车辆出现冲击或震动。

故障分析:

①检查齿条导向螺塞的调整是否正确,并视情调整。若经调整无效,则更换动力转向器。

②若齿条导向调整正确,则应检查动力转向油泵驱动带是否打滑,必要时进行调整其预紧力或予以更换。

(2)转向沉重

故障现象:行车转向时,转动转向盘感到沉重费力。检查转向盘的转动力时,其值大于 30 N。

故障分析:

①检查储油罐是否缺油,动力转向油泵驱动带是否打滑,同时应确认系统内无空气。

②检查动力转向油泵的压力。在压力控制阀和截流阀全开情况下测量怠速时的静态油压,油压值应等于或略小于 1 500 kPa,否则应检查动力转向器与动力转向油泵之间的进油和回油管路及软管是否堵塞、老化或变形。若油管正常,则说明转向器转阀故障。

③若被测动力转向油泵的压力正常,则在压力控制阀和截流阀全闭的情况下,测量怠速时的油泵卸荷压力,其值应为 7 200 ~ 7 800 kPa。若卸荷压力过低,则应检查流量控制阀与油泵总成是否正常。

④若上述检查的卸荷压力正常,则检查转向盘向左与向右转动时的转动力,两者的差值应不大于 2.9 N,否则应检查油缸管路 A 与 B 是否变形或安装不当。若油缸管路正常,则检

查齿条轴是否弯曲变形。齿条导向螺塞调整是否过紧。若齿条导向螺塞调整正常,则说明转向控制阀故障。

⑤若左右两方向转向盘转向力的差值正常,则应检查并调整齿条导向螺塞,若通过调整齿条导向螺塞不能消除上述故障,则应更换动力转向器,若齿条导向常,则应检查动力转向装置以外的零部件是否存在下述故障:转向轴相关零部位卡滞、转动不自如;转向轴万向节故障;各球头销装配过紧或缺油;转向系统内机件相互干涉。

(3)转向不灵、操纵不稳

故障现象:要较大幅度地转动转向盘,才能控制汽车的行驶方向;汽车直线行驶时感觉行驶不稳定。

故障分析:

①检查齿条导向螺塞的调整是否正确,并视情进行调整。

②检查动力转向油泵驱动皮带是否打滑,并视情调整其预紧力,必要时更换驱动带。

③检查怠速转速是否过低或怠速不稳。在发动机怠速或车辆低速行驶时转动转向盘,若发动机熄火,则说明发动机怠速不正常,应予调整。

④检查储油罐是否缺油、动力转向系统内是否有空气。

(4)转向回跳

故障现象:车辆转弯时,转向盘有生硬、回跳现象。

故障分析:

①检查动力转向油泵驱动带是否因打滑致使油泵瞬时停止工作而失去助力作用。若是,则调整驱动带预紧力,必要时更换驱动带。

②安装动力转向压力表,在压力控制阀和截流阀完全关闭的情况下测量油泵压力。若油泵压力超过500 kPa,则应检查流量控制阀是否正常。若该阀正常,则应更换动力转向油泵总成。

(5)系统噪声

故障现象一:转向时,动力转向系统有嗡嗡声。

故障分析:

①检查噪声是否因油液脉动而引起(原地转向时噪声将更明显)。若是,则属正常现象。

②检查噪声是否因液力变矩器或 ATF 油泵工作不良而引起。检查时可通过暂时拆下动力转向油泵驱动皮带来判断。若拆下皮带后,噪声仍存在,则说明液力变矩器或判断。若拆下皮带后,噪声仍存在,则说 ATF 油泵工作不良。

③检查出油(高压)软管是否与其他机件相碰擦。若是,则重新固定出油软管。

故障现象二:转向时,动力转向系统有咔嗒声或震颤声。

故障分析:

①检查转向轴万向节,横拉杆或球头销是否松旷。必要时拧紧松动的紧固件或更换不良的零部件。

②检查转向轴是否有明显的摆动。若有,则更换转向轴总成。

③检查齿条导向螺塞调整是否正确,并视情进行调整。

④若在发动机停熄时,左右转动转向盘有咔嗒声或震颤异常噪声。

(6)动力转向油泵噪声

故障现象一:转向时,动力转向油泵有摩擦噪声。

故障分析:

此噪声是由于油液中有空气而引起。故应进下列检查:

①检查储油罐的液位,同时检查是否有油液渗漏(空气侵入)现象。必要时加注油液或实施紧固、更换作业。

②检查油泵轴油封是否损坏,并视情予以更换。

故障现象二:转向时,动力转向油泵发出吱吱声。

故障分析:

此噪声是由于动力转向油泵驱动带打滑所致。此时应调整驱动带张紧力或更换驱动带。

故障现象三:转向时,动力转向油泵发出咔嗒声或震颤声。

故障分析:

此噪声是由于动力转向油泵皮带轮松动而引起。此时应拧紧该带轮固定螺栓或更换带轮,若带轮轴太松,则应更换动力转向油泵总成。

故障现象四:动力转向油泵工作时,出现工作噪声。

故障分析:

①若在低温条件下起动车辆 2～3 min 后油泵出现工作噪声,属正常现象。

②若在正常温度下油泵工作噪声仍较高(可与另一同类车辆相比),则应拆下油泵,检查其是否磨损或损坏。

(7)油液渗漏

检查转向油罐、动力转向器、动力转向油泵、油泵进出油软管及其接头、动力缸管路 A(B)及其接头等处是否有油液渗漏现象。检查时,循油迹即可查明具体渗漏部位,必要时进行紧固作业或更换密封元件。

任务5.4　电控助力转向系统检查

5.4.1　电控助力转向系统

(1)转向系统的类型

汽车转向系统可按转向能源不同,分为机械转向系统和动力转向系统两类。机械转向系统是依靠驾驶员操纵转向盘的转向力来实现车轮转向。动力转向系统则是在驾驶员的控制下,借助于汽车发动机产生的液体压力或电动机驱动力来实现车轮转向。

电子控制动力转向系统根据动力源不同又可分为电控液力式助力转向系统和电动助力式转向系统。

电控液压式助力转向系统是通过控制电磁阀的动作,使助力转向液压控制回路的油压能根据车速的变化而变化,即在低速时操纵力减轻,而在中低速以上时操纵力不致过小,保持一定的手感。电控液压式助力转向系统如图5.39所示。

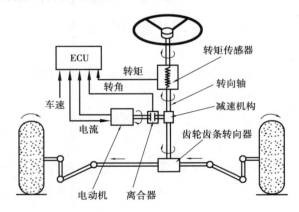

图5.39　电控液压式助力转向系统

电动助力式转向系统通过电动助力机的动作直接提供转向助力,省去了液压动力转向系统所必需的动力转向油泵、软管、液压油、传送带和装于发动机上的皮带轮等装置,既节省能源,又保护了环境。另外,还具有调整简单、装配灵活以及在多种状况下都能提供转向助力的特点。

（2）电控液压式助力转向系统

电控液压式助力转向系统的转向油泵不由发动机直接驱动,而是由电动机来驱动,并且在此基础上加装了电控系统,使得转向辅助力的大小不仅与转向角度有关,还与车速有关。此系统在机械结构上增加了液压反应装置和液流分配阀。新增的电控系统包括车速传感器、电磁阀、转向ECU等,其结构示意图如图5.40所示。

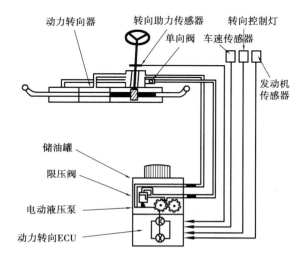

图5.40　电控液压式助力转向系统的示意图

1）电控液压式助力转向系统的类型

电控液压式助力转向系统根据控制方式的不同可分为反力控制式、流量控制式、阀灵敏感控制式三种形式。下面以反力控制式动力转向系统为例介绍其组成及结构特点。

2）电控液压式助力转向系统的组成及结构特点

电控液压式助力转向系统(反力控制式)主要由转向控制阀、电磁阀分流阀、转向动力缸、转向液压泵、储油罐、车速传感器和电子控制单元组成,如图5.41所示。

转向控制阀。转向控制阀的基本结构是在传统的整体式动力转向控制阀的基础上增设了油压反力室而构成的。扭力杆的上端通过销子与转阀阀杆相连,下端与小齿轮轴的上端部通过销子与控制阀阀体相连。转向时,转向盘上的转向力通过扭力杆传递给小齿轮轴。当转向力增大,扭力杆发生扭转变形时,控制阀体和转阀阀杆之间将发生相对转动,于是就改变了阀体和杆之间油道的通、断关系和油液的流动方向,从而实现转向助力作用。

分流阀。分流阀的作用是将来自转向油泵输出的液压油向转向器控制阀的一侧和电磁阀一侧分流,按照车速和转向的要求,改变转向器控制阀一侧与电磁阀一侧的油压,确保电磁阀一侧具有稳定的油液流量。阻尼孔的作用是把供给转向控制阀的一部分流量分配到油压反力室一侧。

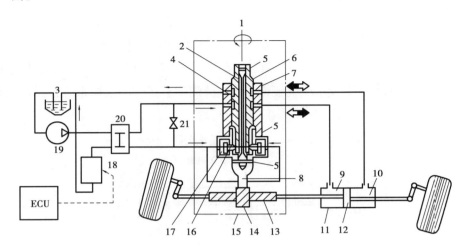

图 5.41　电控液力式助力转向系统结构图

1—转向盘;2—扭杆;3—储油箱;4—接口;5—销钉;6—控制阀轴;7—回转阀;8—小齿轮轴;
9—左室;10—右室;11—转向动力缸;12—活塞;13—齿条;14—小齿轮;15—转向齿轮箱;
16—柱塞;17—油压反力室;18—电磁阀;19—液压泵;20—分流阀;21—小节流孔

电磁阀。电磁阀由滑阀、电磁线圈、油路通道等构成。电磁阀油路的阻尼面积,可随电磁线圈通电电流占空比(通断比)的变化而变化。车速低时,通电电流大,滑阀被吸引,油路的阻尼面积增大,流向油箱的回流量增加。车速降低,通电电流大,阻尼面积大,油液将流回油箱。随着车速的升高,电流减小,油液的回流量也减小。

3)电控液压式助力转向系统的工作原理

电控液压式助力转向系统具有 3 种状态。电子控制单元根据车速传感器的信号判断出车辆停止、低速状态与中高速状态,控制电磁阀通电电流大小。

停车与低速状态。电子控制单元控制电磁阀的通电电流为大电流,经分流阀分流的油液通过电磁阀流回油箱,故柱塞受到的背压(油压反力室压力)小。因此,柱塞推动控制阀柱的力矩和转向盘回正力矩可在扭杆处产生较大扭矩。回转阀被控制在小齿轮轴上,控制阀随扭杆扭转作用相应回转,使两阀油孔连通,油泵输出油压作用到动力缸左室(或右室),使动力活塞右移(或左移),产生转向助力。

中高速直行状态。车辆直行时,转向角度小,扭杆相对扭矩也小,回转阀与控制阀连通的油孔开度减小,回转阀侧压力升高。由于分流阀的作用,使电磁阀侧油量增加。同时随车速升高通电电流减小,电磁阀阻尼面积减小,油压反力室压力增大,使柱塞控制阀柱的力矩增大。这样,操纵力增加了扭杆的扭矩作用,柱塞产生的反力手感增强,从而随手感来改变操纵力。

中高速转向状态。在存在油压反力的中高速直行状态转向时,扭杆的扭转角更加减小,回转阀与控制阀连通,油孔的开度更加减小,使回转阀侧油压进一步升高。随着该油压上升,固定阻尼孔将向油压反力室供给油液,导致柱塞推力进一步增强。这样,操纵力将随转向角度的增大而增大,从而在高速领域可获得稳定的操纵力。

(3)电动助力式转向系统

电动助力式转向系统最早用在微型车上,目前主要应用在轿车上,并逐渐从微型车向大型轿车和商用车发展。

1)电动助力式转向系统组成及原理

电动助力转向系统通常由转矩传感器、车速传感器、电动机电磁离合器减速机构和电子控制单元等组成,如图5.42所示。

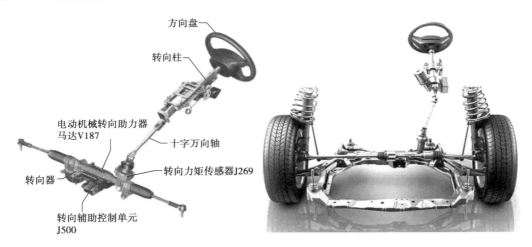

图5.42　电动助力式转向系统

电动助力式转向系统是利用电动机作为动力源,根据车速和转向参数等,由电子控制单元控制,其工作原理如下。

当操纵转向盘时,装在转向轴上的转矩传感器不断测出转向轴上的转矩,并由此产生一个电压信号。该信号与车速信号同时输入电子控制单元,电子控制单元根据这些输入信号进行运算处理,确定动力转矩的大小和转向,选定电动机的电流和转向,调整转向的动力。电动机的转矩由电磁离合器通过减速机构减速增矩后,施加在汽车的转向机构上,使之得到一个与工况相适应的转向作用力。

2)电动助力式转向系统的类型

根据电动机布置位置的不同,电动助力式转向系统可分为:转向轴助力式、齿轮助力式和齿条助力式三种,如图5.43所示。

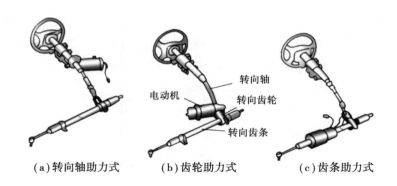

(a)转向轴助力式　　(b)齿轮助力式　　(c)齿条助力式

图 5.43　电动助力式转向系统的类型

转向轴助力式：电动助力式转向系统的电动机固定在转向轴一侧，通过检测机构与转向轴相连，直接驱动转向轴助力转向。

齿轮助力式：电动助力式转向系统的电动机和减速机构与小齿轮相连，直接驱动齿轮助力转向。

齿条助力式：电动助力式转向系统的电动机和减速机构直接驱动齿条提供助力。

3）电动助力转向系统主要部件

转矩传感器：转矩传感器也称转向传感器，其作用是通过测定转向盘与转向器之间的相对转矩，作为电动动力的依据之一。转矩传感器的结构及原理如图 5.44 所示。

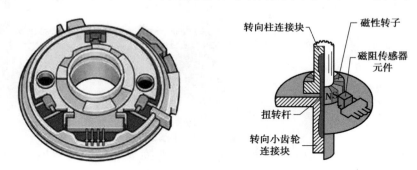

图 5.44　转矩传感器的结构及原理

用磁性材料制成的定子和转子可以形成闭合的磁路，转向轴扭转变形的扭转角与转矩成正比，所以只要测定轴的扭转角，就可以间接地知道转向力的大小。

当转向轴上的转矩为零时，定子与转子的相对转角也为零。回路磁通量相同，不产生电位差。

如果转向轴上存在转矩，定子与转子的相对转角不为零，此时转子与定子间产生角位移 θ。回路磁通量发生变化，产生电位差，这个电位差与轴的扭转角成比例，从而可知道转向轴的转矩。

电动机组件:电动机电磁离合器和减速机构组成的整体称为电动机组件。其结构如图5.45所示。

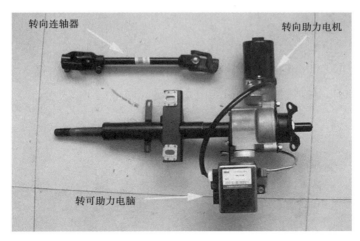

图 5.45　电动机组件

电动机转向助力电动机就是一般的永磁电动机,电动机的输出转矩控制是通过控制其输入电流来实现的,而电动机的正转和反转则是由电子控制单元输出的正反转触发脉冲来控制。

离合器一般使用干式单片电磁离合器。其工作电压为 12 V,额定转速时传递的转矩为15 N·m,线圈电阻(20 ℃时)为 19.50 Ω。电磁离合器的结构如图 5.46 所示。

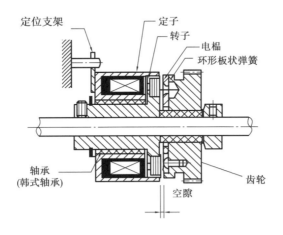

图 5.46　电磁离合器的结构

电磁离合器的工作原理是:当电流通过集电环进入离合器线圈时,主动轮产生电磁吸力,带花键的压板被吸引与主动轮压紧,电动机的动力经过轴、主动轮、压板、花键和从动轴传给执行机构。由于转向助力的工作范围限定在一定的速度区域内,所以离合器一般设定一个速度范围,如当车速超过 30 km/h 时,离合器便分离,电动机也停止工作,这时就没有转向助力的作用。当电动机停止工作时,为了不使电动机及离合器的惯性影响转向系统的工作,离合器也应及时分离,以切断辅助动力。当系统中电动机等发生故障时,离合器会自动分离,这时仍可恢复手动控制转向。

目前使用的减速机构有多种组合方式,一般采用蜗轮蜗杆与转向轴驱动组合式,也有的采用两级行星齿轮与传动齿轮组合式。为了抑制噪声和提高耐久性,减速机构中的齿轮有的采用特殊齿形,有的采用树脂材料制成,如图 5.47 所示。

蜗轮蜗杆式减速机构　　　　　　　双级行星齿轮式减速器

图 5.47　减速机构

控制系统:电动助力转向的控制系统如图 5.48 所示。

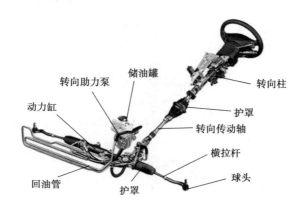

图 5.48　电动助力转向的控制系统

电子控制单元能够通过对车速传感器、转向角度传感器等传感器的信息的处理,通过实时改变电子泵的流量来改变转向助力的力度大小。

电子控制单元(ECU)的功能是根据转矩传感器信号和车速传感器信号,进行逻辑分析与计算后,发出指令,控制电动机和离合器动作。此外,电子控制单元还有安全保护和自我诊断功能,电子控制单元通过采集电动机的电流、发电机电压、发动机工况等信号判断其系统工作状况是否正常,一旦工作系统工作异常,动力将自动取消,同时电子控制单元将进行故障诊断分析。电子控制单元通常是一个8位单片机系统,也有采用数字信号处理器(DSP)作为控制单元。控制系统与控制算法也是电动助力转向系统(EPS)的关键之一,控制系统应有强抗干扰能力,以适应汽车多变的行驶环境。控制算法应快速正确,满足实时控制的要求,并能有效地实现理想的助力特性。

5.4.2 电控动力转向系统的电控元件故障诊断与检修

(1)转矩传感器

转矩传感器测定转向盘与转向器输出轴之间传递的转矩,并且将其转矩大小转化为电压值信号,送给ECU,是控制转向助力大小的一个重要决定因素,因此其输出信号的正确与否将直接影响车辆的操纵安全,特别是高速行驶中的车辆。

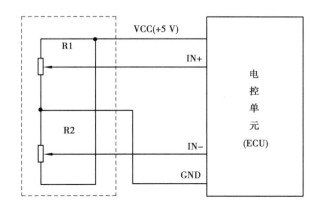

图5.49 电位计原理图

其原理相当于一个电位计,如图5.49所示。两个输入端通过线路连接电控单元的VCC和GND端口,分别是+5 V和0 V,转矩传感器的两个输出端,即主扭IN+和副扭IN-,通过线路分别连接ECU。其输出特性如图5.50所示,当转向盘处于中间位置时,转矩传感器的主扭和副扭的输出电压均为2.5 V;当转向盘向右旋转时,主扭(IN+)端口的电压变于2.5 V,副扭(IN-)端口的电压低于2.5 V;当转向盘向左旋转时正好相反。这里设计了双回路输出,其中IN-信号用于与控制转向助力的IN+信号进行比较,对IN+信号异常与否进行判别,因为仅对IN+信号是否超过规定值的异常判别是远远不够的。

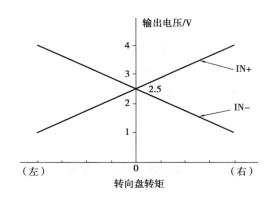

图 5.50　转矩传感器输出特性

如图 5.50 转矩传感器在长期的往复工作中,机械零件间的相互磨损对信号输出会产生一定的影响,但目前成熟的转矩传感器的往复超过 200 万次可靠性试验表明,这种磨损在其使用寿命期内其影响可以忽略。

(2)直流电动机

电动机是 EPS 助力转向的主要执行部件,也是决定车辆行驶安全的重要部件之一,因此要求必须具有高的可靠性、高功率输出、低噪声和震动、转矩损失少、尺寸小、重量轻以及具有良好的动态特性,同时考虑到国内开发的 EPS 主要应用于经济型轿车以及汽车上一般采用直流电源,本系统选用 DFL-01(ZXZD63)小型永磁直流电动机作为 EPS 控制系统的助力电动机。其功用主要是根据 ECU 的指令产生相应的转矩输出,其中 ECU 是利用 PWM 技术控制电动机 H 桥式驱动电路的场效应晶体管 MOSFET 的通/断(即控制其占空比),来控制电动机两端的电压,实现控制电机电流的变化。

基于上述的分析,结合工作过程中可能出现的一些机械损伤和线路的断路或短路,电动机可能出现如下一些问题:

①电机与 ECU 间的接线出现断路或短路。

②电刷与换向器接触不良。

③电枢与定子磁极卡死,转子转不动。

④电枢绕组开路。

⑤电枢绕组受潮发热,而且散热不好。

⑥电动机长时间过载运行,引起电动机壳体发热,以至于烧坏。

⑦电枢绕组有部分线圈元件短路。

（3）车速和发动机转速信号

车速信号是决定助力大小的另一个重要因素,转向助力随着车速的提高应该有所下降,以保证有适当的路感。特别在高速行驶时,路感信息对驾驶员尤为重要。常用的车速传感器有电磁感应式、磁性式、光电式和霍尔式。在 EPS 中,车速信号与电控单元的接线如图 5.51 所示,车速传感器测得的车速脉冲信号通过速度里程表传送给电控单元 ECU,车速里程表将这些信号转换成相应的车速指针读数,同时也把它转换成双倍周期的 ON/OFF 信号 SP1。车辆行驶中,当速度里程表读数正常时,速度信号的异常主要由 ECU 与速度里程表之间的接线不当引起。

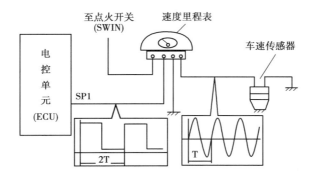

图 5.51　速度传感器与 ECU 接线示意图

发动机转速信号 SP2 与电控单元 ECU 的接线如图 5.52 所示,发动机点火一次,产生一个脉冲信号,脉冲信号通过抑噪器传送给 ECU,经过一定时间内的脉冲个数来计算发动机的转速。在点火开关正常情况下,引起 SP2 信号异常的主要原因是点火开关与电控单元间的接线不当。

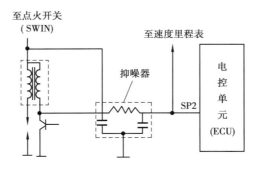

图 5.52　发动机转速信号与 ECU 的关系

根据上述分析,车速和发动机转速信号异常原因主要是:车速传感器、速度里程表与ECU,点火开关与 ECU 之间的接线出现短路、断路或接触不良,或者车速传感器、速度里程表等出现故障,而这些原因将直接导致输入 ECU 的信号变化。又因为在车辆行驶中,发动机转速和车速之间具有一定关系,所示可以通过发动机转速信号来间接判断车速信号是否异常。车辆低速行驶或怠速转向时,需要有较大的助力电流,以保证轻便性;高速行驶转向时,需要保证转向助力稳定在一个较小的值,以保证驾驶员良好的路感。

(4)电磁离合器

电磁离合器通过电流流过电磁线圈产生的吸力实现转矩的传递,因此可以通过控制电磁线圈的电流实现传递转向助力。此外,由于其主要作用是传递助力转矩,在工作过程中其接合与分离正确与否将直接影响车辆行驶的安全性,即需要对离合器的工作状态进行实时监测,一旦出现异常,系统要能通过其他方式保证助力的切断。

电磁离合器的工作情况比较简单,使用中可能出现的故障主要是离合器与 ECU 间的接线的断路或短路。试验证明,在不转向时,只需要提供 0.3 A 就可以保证离合器正常的结合;传递最大助力转矩时,需要 0.82 A。而在线路出现短路或断路时,离合器线路电流将远远超过 0.82 A 或接近 0 A。因此可以通过实时监测离合器线路的电流来判断其是否正常。

(5)微控制器(ECU)

ECU 主要由硬件电路和软件程序组成,在电源、电机等其他外围部件正常工作时,其本身的可靠性比较高,硬件本身不易出现故障。但是某些外围部件的短路将会对 ECU 造成致命的损伤,本书主要考虑驱动 CPU 的稳压电源短路和电动机过电流等故障,如 CPU 稳压电源的 12 V 电源输入端与其输出端(直接连接 CPU)出现短接,将烧坏 CPU;不小心或接线盒不良导致电动机的正负极出现了短接,突然转向时将引起 MOSFET 管击穿直通或相关电路损坏。这些损伤都具有瞬间性和致命性,因此,为了优先保护 ECU 不受损害,必须要对稳压电源和电动机电流设立监测电路。此外,还有蓄电池及其线路可能出现接触不良、与地短接、电池亏电,或者电源电压过高或持续偏高等异常现象,可以通过检测蓄电池两端电压来判断,一般正常电压为 10 ~ 16 V。

5.4.3 电控式动力转向系统的故障诊断与维修

转向系常见的故障为转向沉重、转向不灵敏、前轮摆震等。动力转向系动力不足或转向沉重的主要现象是:装有液压助力转向器的车辆,转向时转向盘沉重或者存在忽轻忽重的现象。

（1）动力转向系转向不足或转向沉重

故障原因：转向油泵驱动皮带松弛或者损坏；转向油泵工作不良，油泵压力过低；储油罐油面过低；液压助力系统内有空气或者泄露；液压管路扭曲、折皱或者破裂漏油；压力流量限制阀弹簧弹力下降或者密封不良；转向控制阀、助力缸工作不良；转向器润滑不良或者轴承齿合间隙调整不当；转向柱弯曲变形，转向器或者转向柱的轴承损坏；齿条弯曲变形或者与衬套配合过紧；横直拉杆球头润滑不良或者调整不当；转向主销转向节润滑不良；轮胎气压过低；等等。故障诊断与排除：检查转向油泵驱动皮带，损坏或者断裂应更换；若皮带过松，应调整驱动皮带张紧度；检查储油罐液面高度，过低应及时添加补充；检查液压管路有无扭曲、折皱或者断裂，各连接处有无漏油现象，并视情况予以恢复；排除液压系统中的空气；检查液压泵的泵油压力，不符合要求时应对液压泵及压力流量限制阀进行修复或者更换；检查转向控制阀和助力缸，若工作不良或者损坏应维修或者更换转向器。

（2）怠速时原地转动转向盘抖动、停车瞬间转向盘抖动

该故障主要是工作油压过低造成的，而油压过低的故障原因有：油液液面过低；油液内存有空气，储液罐内有气泡；液泵皮带过松或沾有油液（快速转向时有较大的皮带尖叫声，转向盘阻力陡增）；溢流阀被卡滞。溢流阀应在泵体内滑动自如，如阀卡滞，应用 1200 号金相砂纸沿周围方向打磨。还要注意溢流阀端部的防松螺栓是否有松动，弹簧是否过软；安全阀失效（弹簧坏或阀球被粘在开放状态）；滑阀磨损，更换控制阀总成；泵压不足或转向机构外部泄漏（检查动力转向机构外部漏点时，擦干净动力转向系统外部的油迹，检查并拧紧所有软管的接头，启动发动机，并使其快怠速运转，支起前桥将转向盘以一个止端打到另一个止端，打到止端时停留时间不要超过 5 s，随着油压的升高就能较快地查到漏油部位）。

（3）转向盘自由行程过大与转向不灵敏

1）转向盘自由行程过大
故障原因：液压系统中有空气（油液中有乳化气泡）；动力转向系统内部泄漏，溢流阀或安全阀失效；出现这种故障，汽车无论是低速行驶还是中高速行驶，若工作油压不足，均会使转向沉重；左右转向轻重不同；助力缸活塞一侧有空气；滑阀通往助力缸侧的油管堵塞或高压油管接头有漏损。

2）转向不灵敏
故障原因：转向器主动齿轮与齿条啮合间隙过大、轴承松旷；横拉杆及各链接件松旷；轮毂轴承调整不当或者磨损松旷；转向主销磨损松旷。故障诊断排除：转动转向盘，转向器齿条

立即随之运动,表明齿条与主动齿轮啮合间隙过大,可通过补偿机构进行调整,消除转向器的啮合间隙;若齿条随转向盘运动而横拉杆不动,应更换横拉杆内端连接孔处的缓冲衬套,并检查齿条及连接板与转动支架的连接情况,松动应及时紧固;横拉杆随转向盘转动而转向臂不动,应对横拉杆外端球头进行检修与调整;若转向臂随之灵活转动,可支起前桥晃动前轮检查,轮毂轴承松旷时,应进行调整和更换;对于其他类型的转向系统,还应检查与调整转向器的轴承预紧度、啮合间隙、调整、紧固各连接件球头销等。

(4)行驶中动力转向泵内有异响声与前轮摆振

1)行驶中动力转向泵内有异响声

故障原因:液压泵内有空气或形成真空。如油液液面过低,油中有气泡,都会造成泵内有空气;油滤器堵塞,中高速时供油不足,在泵内会形成真空;皮带打滑,过松或沾有油污,快速转向时会发出尖叫声;转向盘回位差;液压控制阀调整不当,油液严重氧化,滑阀被粘住或发生卡滞,定位弹簧过软或损坏。故障诊断与排除:检查动力转向系统转向盘转矩。转向盘转矩检查的前提条件是储液罐的液面高度正常、无气泡,皮带的张力正常,汽车停在平坦干燥的路面上。让车辆怠速运转,向左右止端打几次转向盘,然后回到直线行驶的位置,用弹簧秤沿切线方向拉动转向盘,转向轮刚开始转动时的拉力应少于或等于30 N。否则应检查转向油泵的压力是否正常。

2)前轮摆振

故障原因:转向减震器失效,前架减震器弹簧或者减震器损坏;车轮不平衡或者轮毂变形;前轮定位失准;转向器啮合间隙过大;转向传动机构磨损松旷或者连续松动;轮毂轴承松旷;传动轴不平衡。故障诊断排除:转动转向盘检查其自由行程,若自由行程过大,应查明原因予以排除;检查转向减震器,若有漏油现象应更换;拆下减震器,用手拉,若阻力过小或者出现空行程应进行更换;检查前悬挂减震器有无漏油现象,推压车身检查前悬挂架的减震性是否良好,前悬架连接有无松动现象,减震器漏油或减震弹簧弹力过弱应更换新件,连接松动则重新紧固;检查和调整转向轮定位参数;进行车轮平衡检测校正。

(5)电控动力转向系统ECU端故障检查

PPS动力转向系统常见故障为低速或发动机怠速时转向沉重和高速行驶时转向过度灵敏。在检查电控系统之前,应先察看胎压、悬架和转向杆件及球形接头的润滑情况,检查前轮定位、动力转向泵油压是否正常,各导线插接器是否连接牢靠,转向柱是否弯曲等。

1)电控系统ECU端的一般检查方法

①打开点火开关(ON),察看ECU-IC熔断丝是否正常。如果烧毁,重新更换后又烧毁,表

明此熔断丝与电控单元 ECU 的 + B 脚之间短路。

②关断点火开关(OFF),从电控单元 ECU 上拔下导线连接器线束插座,将电压表正表笔接插接器。 + B 脚,负表笔搭铁。再打开点火开关(ON),电压表指示电压应为 11 ~ 14 V(蓄电池电压)。如果无电压,表明 ECU-IC 熔断丝与 ECU 的 + B 脚之间有断路。

③将电阻表正表笔接插接器插头的 GND(搭铁)脚,负表笔仍接地,此时电阻值应为零,否则应对 ECU 的 GND 脚与车进行检查。

④顶起一侧前轮,将电阻表的正表笔接插接器 SPD 脚,负表笔接 GND 脚。然后转动支起的车轮,电阻表值应在 0 ~ ∞ 交替变化。否则,说明 ECU 的 SPD 端与车速传感器之间有断路或短路,或车速传感器有故障。

⑤将电阻表的正表笔接插接器的 SOL(−)脚,负表笔接 GND 脚。电阻表所显示电阻值应为∞(无穷大)否则说明电磁线圈与 GND 脚之间的线路有短路或电磁阀有故障。

⑥将电阻表的正表笔接插接器的 SOL(+)脚,负表笔接 SOL(−)脚。两脚之间的电阻应为 6 ~ 11 Ω,否则这两脚之间的线路有断路或电磁阀有故障。

2)电控部件故障的诊断

①电磁阀的检查

关断点火开关(OFF),拔下电磁阀(装在转向器处)上的线束插头,用电阻表测量电磁线圈的电阻(插座上两端子间),电阻应为 6 ~ 11 Ω。从转向器内拆下电磁阀,将蓄电池正极接电磁线圈的 SOL(+)脚,负极接 SOL(−)脚,这时针阀应缩回约 2 mm,否则应更换电磁阀。

②ECU 的检查

顶起汽车,拆下 ECU,但不拔下 ECU 上的导线插接器,然后启动发动机。在发动机怠速运转的情况下,首先用电压表测量 ECU 的 SOL(−)和 GND 两脚之间的电压(电压表测笔从背面插入)。然后将变速器挂上挡,并使车速达到 60 km/h,仍按上述接法再测电压,电压应比原来增加 0.07 ~ 0.22 V。如果无电压或电压增值不对,则应更换 ECU。

参考文献

[1] 赵青. 汽车悬挂、转向与制动系统维修[M]. 北京:外语教学与研究出版社,2017.

[2] 杜峰,谭文孝. 汽车悬架、转向与制动系统维修[M]. 2 版. 北京:北京理工大学出版社,2019.

[3] 刘冬生,陈启优,金荣. 汽车转向悬架与制动安全技术[M]. 北京:机械工业出版社,2020.

[4] 陈传建,雍朝康,杨二杰. 汽车悬架、转向与制动系统维修[M]. 西安:西南交通大学出版社,2014.

[5] 刘建平,刘付金文,徐正国. 汽车悬架与转向系统维修工作页[M]. 3 版. 北京:人民交通出版社,2020.

[6] 刘振楼. 汽车行驶与安全系统维修专门化[M]. 北京:人民交通出版社,2003.

[7] 邱志华. 汽车传动系统维修工作页[M]. 北京:人民交通出版社, 2020.

[8] 丰田汽车公司. 汽车动力总成维修[M]. 北京:高等教育出版社, 2006.